図説

鎌倉府

構造・権力・合戦

杉山一弥 編著

戎光祥出版

鎌倉府の魅力——序にかえて

本書は、〝鎌倉府《かまくらふ》〟研究の一般向け入門書である。鎌倉府とは、室町幕府《むろまちばくふ》が東国社会を制御・調停するために設置した統治機関をあらわす学術用語である。

高等学校までの日本史の教科書では、室町時代の東国にふれる著述がきわめて少ない。それは室町幕府が京都に拠点を置いたため、室町時代の政治・経済・宗教・文化などあらゆる問題関心が畿内・西日本にむくからである。しかし、当時の東国武家にとって、鎌倉幕府《かまくらばくふ》滅亡とは執権《しっけん》北条《ほうじょう》氏《し》滅亡でしかなかった。室町時代の東国社会には、鎌倉期以来の伝統的東国武家が蟠踞《ばんきょ》し、圧倒的な位置を占めつづけていたのである。鎌倉府の存在理由は、そうした地域的特徴・歴史的特質をもった東国社会の統御にあったといえる。

室町幕府は、幕府法『建武式目《けんむしきもく》』の冒頭で、幕府所在地を前代のごとく鎌倉とするか否かについて言葉を尽くしている。都市鎌倉に対する室町幕府の意識をみるうえで興味深い条文である。じっさいに室町幕府は、東国に鎌倉府が存在した期間、日本列島の全体を統合調整できていた。しかし鎌倉府が、室町幕府との抗争の果てに古河《こが》公方府《くぼうふ》へ縮小すると、室町幕府も日本列島における調整機能を個別的なものへと縮小・変容させていったのである。鎌倉府の存在は、室町幕府が一体いかなる政治権力体であったのかを考えるときにも重要な意味をもっているのである。

さて、鎌倉府・東国社会については、論理的・整合的に説明することが難しい部分が存在する。それは鎌倉府が、鎌倉幕府の遺制《いせい》を継承している側面があるからである。したがって鎌倉府・東国社会の研究では、東日本の地域的特性を日本列島全体のなかでとらえ、前後の時代相との連続と断絶をひろく把握し、個別偏在する歴史事象をひとつひとつ深く理解してゆく手続きが必要となる。ここに鎌倉府・東国社会研究の尽きせぬ魅力がある。日本史愛好の向学が、鎌倉府を中心とした室町期東国史に魅了されつつあるのは必然のことといえよう。

旧来の室町期東国史は、『太平記《たいへいき》』や『鎌倉大草紙《かまくらおおぞうし》』など軍記物《ぐんきもの》（文学作品）に描かれた筋書きそのままを受容して叙述することが多かった。しかし、それでは日本文学であって日本史学ではない。現在は、信頼できる古文書《こもんじょ》・古記録《こきろく》に裏づけられた実証的な著述が必要とされる研究水準に到達している。各種の史料集が刊行され、歴史的事実の厳密な検証作業をおこなうことが可能になったからである。

限られた紙幅のなかで、重厚な蓄積をもつ鎌倉府・東国社会研究の成果と魅力を語り尽くすことは難しい。本書の内容について興味関心を抱かれた方は、すでに戎光祥出版から刊行されている次掲五冊の書籍を併読されたい。本書でとりあげた各項目の学術的知見が、歴代鎌倉公方ごと総合的にまとめられ、さらに深い内容理解に到達することが可能となっている。

黒田基樹編著『足利基氏とその時代』（関東足利氏の歴史第1巻、戎光祥出版、二〇一三年）。

黒田基樹編著『足利氏満とその時代』（関東足利氏の歴史第2巻、戎光祥出版、二〇一四年）。

黒田基樹編著『足利満兼とその時代』（関東足利氏の歴史第3巻、戎光祥出版、二〇一五年）。

黒田基樹編著『足利持氏とその時代』（関東足利氏の歴史第4巻、戎光祥出版、二〇一六年）。

黒田基樹編著『足利成氏とその時代』（関東足利氏の歴史第5巻、戎光祥出版、二〇一八年）。

本書『図説　鎌倉府』の項目選定と執筆の大部分は、戎光祥出版株式会社編集部によるものである。これは前掲「関東足利氏の歴史」シリーズの出版時、同編集部に多大なご協力を頂いたことが深く関係している。石橋一展・駒見敬祐・杉山一弥・

谷口雄太・花岡康隆の五名は、同シリーズに関わったご縁によって本書にも一文を寄稿した次第である。それぞれの担当箇所は、各項目の文末に明記した。

本書刊行に格別のご高配を賜った戎光祥出版株式会社代表取締役の伊藤光祥氏、同編集部の丸山裕之氏・石渡洋平氏に深謝申しあげ、序文のむすびとしたい。

二〇一九年六月

杉山一弥

【凡　例】

・写真の選択・収集、図版・キャプションの作成はすべて戎光祥出版株式会社編集部による。

・執筆にあたり、それぞれの担当箇所は各項目の文末に明記した。

・人名や歴史用語には適宜ルビを振った。読み方については、各種辞典類を参照したが、歴史上の単語、とりわけ人名の読み方は定まっていない場合も多く、ルビで示した読み方が確定的なものではない。

編集部

図説 鎌倉府 目次

鎌倉府の魅力――序にかえて

第1部 鎌倉府を支えた人びと

01 鎌倉公方――〝王〟として東国に君臨する 2
02 古河公方――権威を引き継ぎ、関東の要となる 8
03 稲村公方――陸奥に派遣された鎌倉公方の弟 12
04 篠川公方――鎌倉府を離反し、幕府に従属する 16
05 関東管領――補佐役として鎌倉公方を支える 22
06 守護――軍事で活躍、地域統制もこなす 26
07 上杉氏――足利氏の外戚として関東で繁栄 30
08 侍所――犯罪人を逮捕・処刑、治安を維持する 34
09 政所――財務を担当し、儀礼でも活躍する 36
10 問注所――訴訟・裁判の文書を管理する 38
11 評定衆・引付衆――前代からの遺制を引き継ぐ 40
12 奉行人――組織の基盤となり、複数の職をこなす 42
13 奉公衆――公方に直属し、軍事を担う 44

第2部 基本となった政策・制度

01 室町幕府との関係――対立と融和の歴史 48
02 管轄国の変遷――〝国界〟を形成する 52
03 薩埵山体制――過渡期の鎌倉府 56
04 軍事制度――複雑をきわめた戦功の認定過程 58
05 経済基盤――直轄領から商業・流通へ 62
06 流通政策――街道をおさえ、海運をにぎる 64
07 鎌倉支配――東国の〝首都〟を治める 66
08 宗教政策――東国独自のあり方を模索する 68
09 年中行事――儀礼で身分秩序を確認する 72
10 身分秩序――足利氏を頂点とする血統秩序 76

第3部　鎌倉府を揺るがした合戦・政争

01 薩埵山合戦――観応の擾乱が最終局面を迎える　84
02 武蔵野合戦――南朝方が大規模反乱を起こす　88
03 畠山国清の乱――迫る、尊氏派没落のとき　92
04 岩殿山合戦――反上杉憲顕派を粉砕する　96
05 平一揆の乱――足利氏―上杉氏体制が確立する　100
06 小山義政の乱――有力大名の勢力削減を狙う　106
07 小田孝朝の乱――正当性なき宣戦布告　110
08 田村庄司の乱――なぜ出兵の理由は隠されたのか　112
09 伊達政宗の乱――強い反発、奥羽支配への不満　114
10 上杉禅秀の乱――大事件！鎌倉中が動揺する　116
11 永享の乱――幕府との直接対決、持氏死す　122
12 結城合戦――潰えた鎌倉府再建の夢　128
13 江の島合戦――再興鎌倉府のつまずき　134
14 享徳の乱――ついに訪れた鎌倉府の崩壊　136

コラム

武蔵・上野を地盤とする白旗一揆　46
江戸時代につくられた〝関東八屋形〟　55

視点

幕府から派遣された堀越公方　20
公方御所はどこにあったのか？　80
さまざまな合戦の舞台となった鎌倉街道　104
持氏を悩ませた京都扶持衆　120

鎌倉府略年表　142／主要参考文献　151
鎌倉府関係史跡地図　156／執筆者一覧　158

鎌倉府の構造

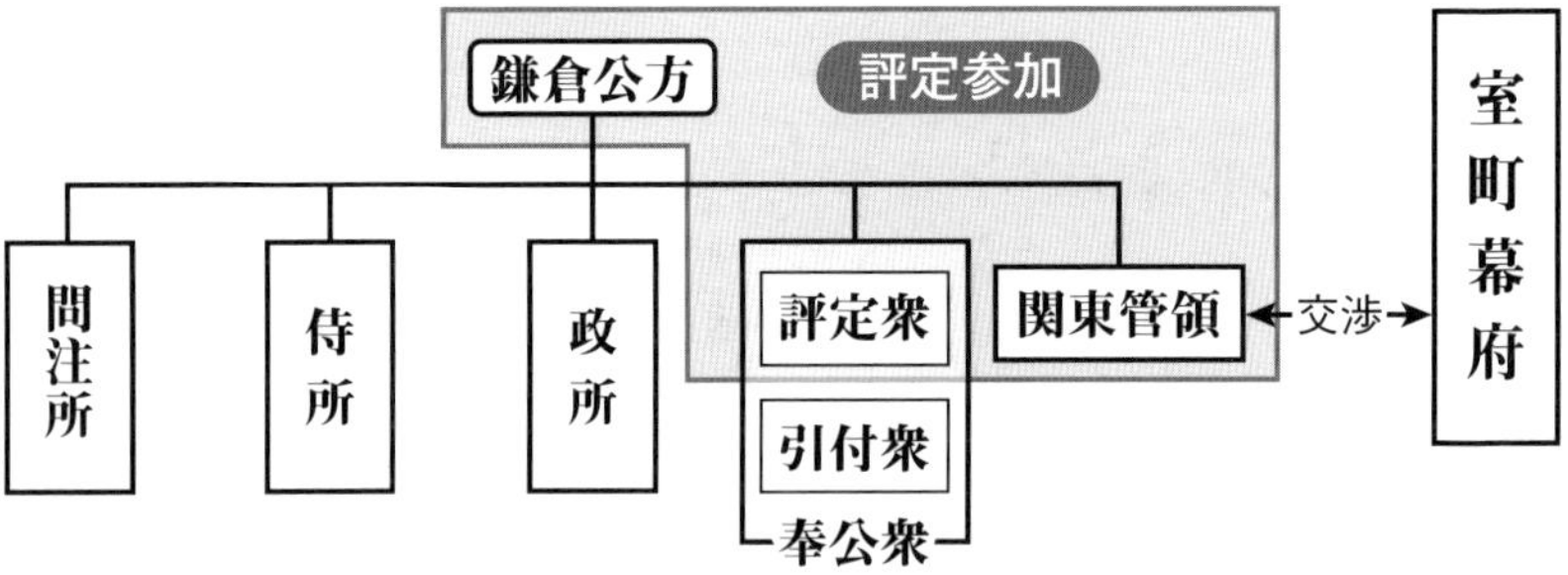

歴代鎌倉公方略歴

代数	名前	幼名	父/母	生年/没年
初代	足利基氏	光王(亀若)	足利尊氏/赤橋登子	生:暦応三年(一三四〇) 没:貞治六年(一三六七)
	在任期間	貞和五年(一三四九)鎌倉下向~貞治六年(一三六七)		
二代	足利氏満	金王丸	足利基氏/畠山氏	生:延文四年(一三五九) 没:応永五年(一三九八)
	在任期間	貞治六年(一三六七)~応永五年(一三九八)		
三代	足利満兼	寿王丸	足利氏満/不明	生:永和四年(一三七八) 没:応永十六年(一四〇九)
	在任期間	応永五年(一三九八)~応永十六年(一四〇九)		
四代	足利持氏	幸王丸	足利満兼/一色氏	生:応永五年(一三九八) 没:永享十一年(一四三九)
	在任期間	応永十六年(一四〇九)~永享十一年(一四三九)		
五代	足利成氏	万寿王丸	足利持氏/簗田氏	生:永享三年(一四三一) 没:明応六年(一四九七)
	在任期間	文安四年(一四四七)頃~享徳三年(一四五四)鎌倉没落		

第1部　鎌倉府を支えた人びと

『結城戦場物語絵巻』◆永享の乱のときに足利持氏の御前に祗候する被官たちを描いている　栃木県立博物館蔵

01 鎌倉公方《かまくらくぼう》――"王"として東国に君臨する

鎌倉公方とは、室町時代に東国を統治した鎌倉府の首長のことである。東国の軍事・行政・裁判などを掌り、公方のもとに政所や侍所などさまざまな機関が連なった。

歴史的前提として鎌倉《かまくら》将軍府《しょうぐんふ》の存在がある。元弘《げんこう》三年（一三三三）、鎌倉幕府が倒れ、後醍醐《ごだいご》天皇《てんのう》の政権（建武《けんむ》政権）が樹立されると、成良親王《なりよししんのう》（後醍醐天皇の子）を首長とし、足利尊氏《たかうじ》の弟直義《ただよし》が補佐する鎌倉将軍府が置かれた。しかし、建武二年（一三三五）、旧鎌倉幕府の執権《しっけん》北条《ほうじょう》高時《たかとき》の遺児時行《ときゆき》が幕府復活をはかって反乱を起こした（中先代《なかせんだい》の乱《らん》）。時行は鎌倉に侵攻し、成良親王や直義は敗走して鎌倉将軍府は瓦解した。

こうした状況にあって、東国を統治する必要があった室町幕府は、尊氏の子義詮《よしあきら》を首班とする鎌倉府を設置した。観応の擾乱の過程で義詮が京都に戻ると、弟の基氏が鎌倉に送られ、鎌倉府の首長になった。義詮期の鎌倉府は軍事組織であったが、基氏のもとで行政機能が強化されたこともあり、一般的に鎌倉公方の初代は基氏とされる。

貞和《じょうわ》五年（一三四九）に鎌倉へ下向した基氏は鎌倉府の礎を築き、観応の擾乱後は、武蔵国入間川《いるまがわ》（埼玉県狭山市）に約十年間ほど在陣した。さらに臨済宗の僧・義堂周信《ぎどうしゅうしん》を鎌倉に招き、宗教面・文化面での発展をはかったことも知られる。しかし、貞治六年、二十八歳の若さで死去した。

基氏の跡は息子の氏満《うじみつ》が継いだ。氏満は幼少であったため、短期間ながら足利義詮の意をうけた佐々木《ささき》道誉《どうよ》が京都から下向して補佐した。氏満は応安《おうあん》二年（一三六九）十一月二十一日に元服し、公方としての

足利基氏坐像◆基氏は、遺命によって瑞泉寺に葬られた。そのため、同寺は鎌倉公方代々の菩提寺となった。坐像は江戸時代（17世紀）の作とみられている。瑞泉寺には基氏の墓もあるが、残念ながら非公開である　神奈川県鎌倉市・瑞泉寺蔵

足利将軍・鎌倉公方略系図

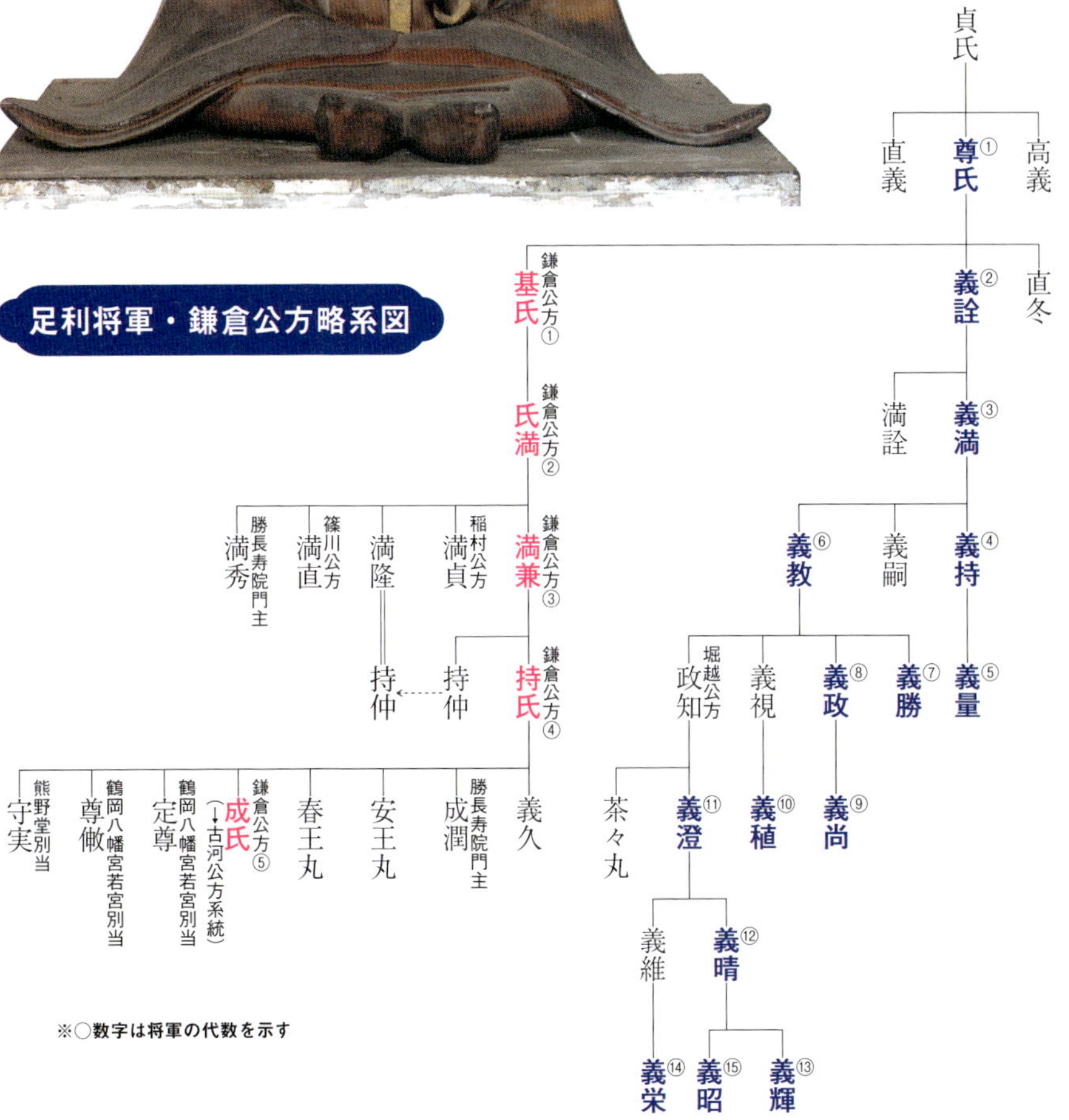

※○数字は将軍の代数を示す

足利氏満坐像◆父と同じく義堂周信に帰依し、没後は瑞泉寺の塔頭永安寺に葬られた。坐像は正徳６年（1716）の基氏350年忌にあわせて、基氏の坐像とともに彩色修理がなされた　神奈川県鎌倉市・瑞泉寺蔵

地位を固めていった。

氏満の治世は、東国武家の反乱がいくつも起こった。下野《しもつけ》小山《おやま》義政の乱、常陸《ひたち》小田《おだ》孝朝の乱、陸奥《むつ》田村《たむら》庄司の乱などである。こうした反乱を鎮圧しつつ、氏満は鎌倉府権力を強化していった。氏満は将軍への野心を示すこともあったが、応永《おうえい》五年（一三九八）十一月四

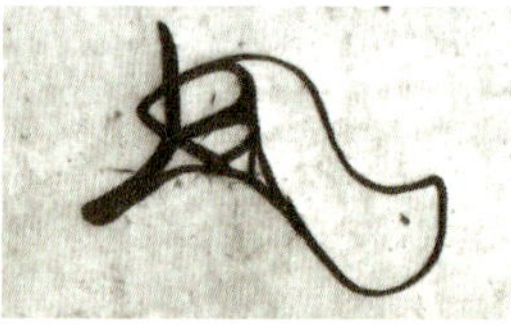

持氏花押

基氏花押

成氏花押

氏満花押

足利様のもとになった尊氏花押

満兼花押

『結城戦場物語絵巻』に描かれた鎌倉公方邸内部の様子◆公方持氏の嫡子賢王丸の元服について、協議する持氏と被官たちを描く。『結城戦場物語絵巻』は永享11年（1439）に起こった結城合戦を題材とする絵巻で、成立自体は江戸時代であるが、原型となった『結城戦場物語』は中世の軍記物語である　栃木県立博物館蔵

▶足利持氏

日に四十歳で死去した。幼くして公方の地位を継いだこともあり、歴代のなかではもっとも長い在任期間をほこる。

氏満の死去をうけ、息子の満兼《みつかね》が公方を継いだ。応永六年（一三九九）、中国地方の雄・大内義弘《おおうちよしひろ》が幕府に反旗を翻すと（応永の乱）、満兼は義弘に呼応して挙兵した。しかし、満兼は武蔵府中（東京都府中市）に移ったところで、最終的には義弘が討ち死にしたため、鎌倉に戻ることになった。

満兼の反幕府的な態度によって、京都との関係は緊張状態になったが、応永七年（一四〇〇）六月十五日、満兼が反省の意を含んだ願文を三嶋神社（静岡県三島市）に奉納したことで落ち着いた。しかし、その後も満兼が「狂気」を発症したという噂が京都に流れ、応永の乱時の満兼の行動が問題視されるなど、完全な決着とはいかなかったようだ。

応永十六年（一四〇九）七月二十二日、満兼は三十二歳で死去した。

満兼の跡を継いだのは息子の持氏《もちうじ》である。父の死去

報国寺の竹林◆持氏と幕府の軍事衝突である永享の乱の際、敗れた義久は報国寺で自害した　神奈川県鎌倉市

の翌年に元服し、翌々年に形式上は文書を出し始めている（御判始《ごはんはじめ》）。

　ところが、応永二十三年（一四一六）、前関東管領上杉禅秀《うえすぎぜんしゅう》らが反乱を起こし、東国全体が持氏方と禅秀方に分裂し、大きな争乱となった。

　京都の援助を得て禅秀の反乱を鎮圧した持氏であったが、自身に反抗的な者の討伐に動いた。その結果、幕府との対立をもまねくことになった。

　その後、足利義教《よしのり》が室町幕府六代将軍となり、正《しょう》長《ちょう》から永享《えいきょう》へと改元されたものの、自身の将軍就任を期待していた持氏は不快感を露わにし、改元にも従わず対立は深まっていった。

　さらに、持氏は嫡子賢王丸《けんおうまる》の元服の際、将軍の名前の一字を拝領するという先例を無視し、将軍家の通字「義」を用いて義久《よしひさ》と名乗らせるなど敵意をあらわにした。結果、持氏と幕府は軍事衝突におよび、敗れた持氏は自害することになった。

　持氏の敗死後、遺児の安王丸《あんおうまる》と春王丸《しゅんおうまる》が鎌倉府の復権をはかって下総結城氏《しもうさゆうき》のもとで蜂起するも、幕府軍に鎮圧されてしまう。それをうけ、文安《ぶんあん》四年（一四四七）八月二十七日、当時は信濃に逃れていた持氏の子万寿王丸《まんじゅおうまる》（のちの成氏《しげうじ》）が鎌倉に入り、公方となった。

　成氏は関東管領上杉憲忠《のりただ》の補佐のもとで政務を行ったが、享徳三年（一四五四）に憲忠を鎌倉西御門《にしみかど》で殺害し、約三十年つづく享徳の乱を引き起こした。この内乱のなかで、成氏は本拠を下総国古河《こが》（茨城県古河市）に移し、鎌倉府は崩壊した。

（編集部）

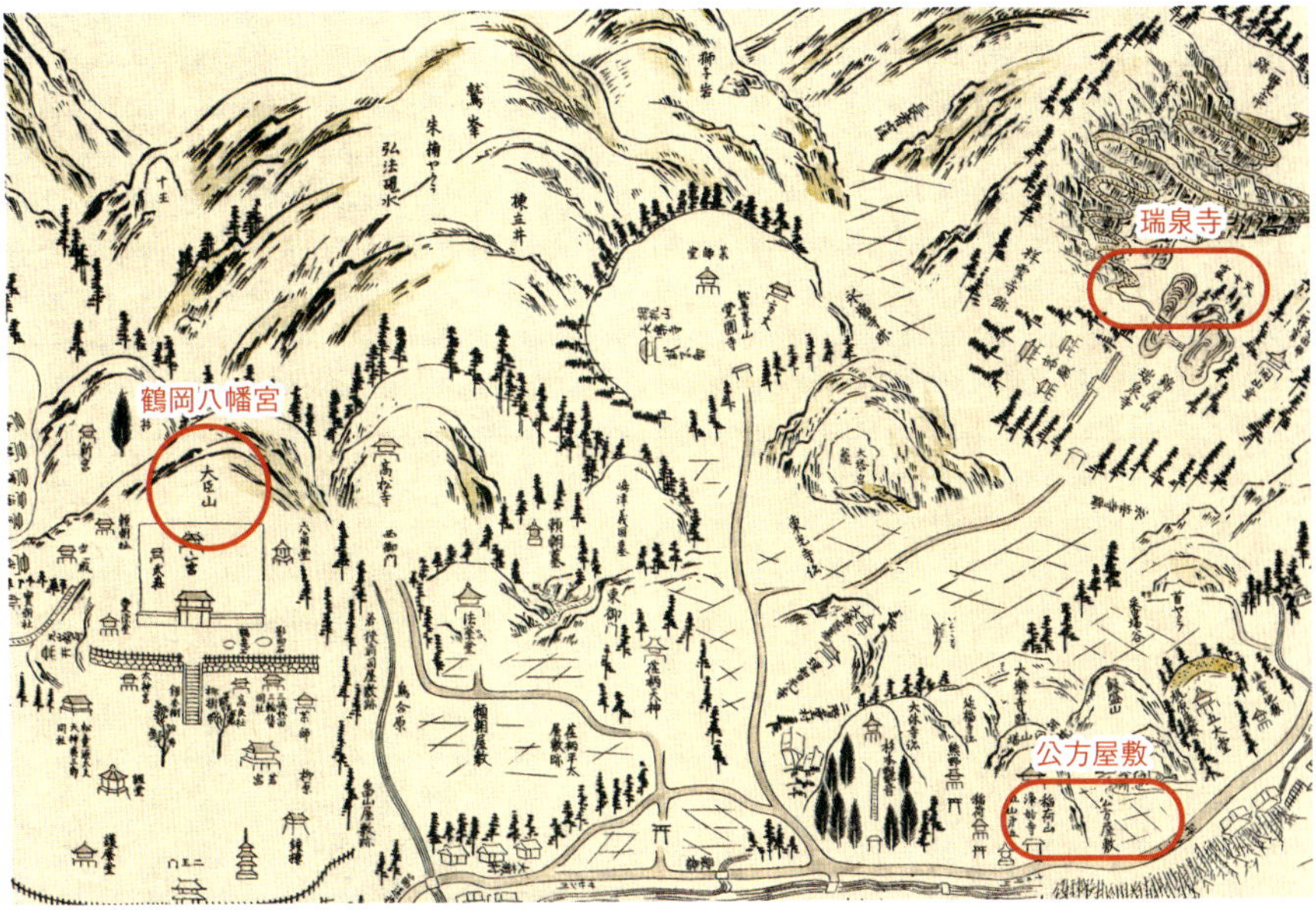

鎌倉絵図◆左側に鶴岡八幡宮、右下に公方屋敷、右上に菩提寺の瑞泉寺があり、公方の居館をとりまく寺社の位置がわかる　個人蔵

瑞泉寺庭園◆夢窓疎石が作庭した、岩盤を削り出した岩庭で、書院庭園のさきがけとして名勝となっている。この庭を抜けて山頂まで登ったところにある偏界一覧亭で基氏はよく花見をしたという　神奈川県鎌倉市

02 古河公方《こがくぼう》——権威を引き継ぎ、関東の要となる

享徳三年（一四五四）、鎌倉公方足利成氏による関東管領上杉憲忠の殺害をきっかけに始まった享徳の乱の過程で、享徳四年三月三日に成氏は古河に入った。

当初は戦略上からの在陣であったが、のちに古河在城が恒常化し、本格的に成氏の本拠となったようだ。

古河を本拠にした理由は複数ある。古河が諸河川に挟まれた交通の要衝かつ天然の要害であったこと、広大な鎌倉府御料所《ごりょうしょ》のうちに位置したこと、南北朝期から軍事拠点であったことなどがあげられている。

鎌倉が東国武家政権の中心であった一方、古河は香取内海《かとりのうちうみ》・霞ヶ浦《かすみがうら》と江戸湾《えどわん》（江戸内海）の結節点に位置し、物資の流通や経済面で利便性のある場所でもあった。

なお、鎌倉府段階からの権力構造がそのまま引き継がれることはなかった。永享の乱・享徳の乱という争乱のなかで、公方を支えてきた関東管領と対立していることが代表的な点だろう。古河公方府は、古河城の「御奏者所」に祗候《しこう》して取次を務める近習がその中心にいた。また地理的な関係から取次を担う存在もおり、さらにその外縁に小山氏・結城氏ら軍事的に公方を支える領主層がいる構造だったといわれている。

歴代の古河公方は、ときに御座（本拠）を移すこともあったが、基本的には古河城を本拠に関東の権威として存在した。成氏のあとは、政氏《まさうじ》・高基《たかもと》・晴氏《はるうじ》・義氏《よしうじ》と引き継がれたが、ときに内乱をともないながらの継承であった。

古河公方は、天正《てんしょう》十一年（一五八三）に義氏が死去した際、男子がおらず、娘の氏姫《うじひめ》を擁した権力体として存続することになった。天正十八年（一五九〇）、小田原合戦《おだわらかっせん》で北条氏が滅亡すると、羽柴秀吉《はしばひでよし》は古河城

に残されていた氏姫と一族の足利国朝《くにとも》を婚姻させ、下野国喜連川《きつれがわ》に所領を与えた。この系統は江戸時代に喜連川氏を称し、明治維新後は足利姓に復した。

（編集部）

古河公方略系図

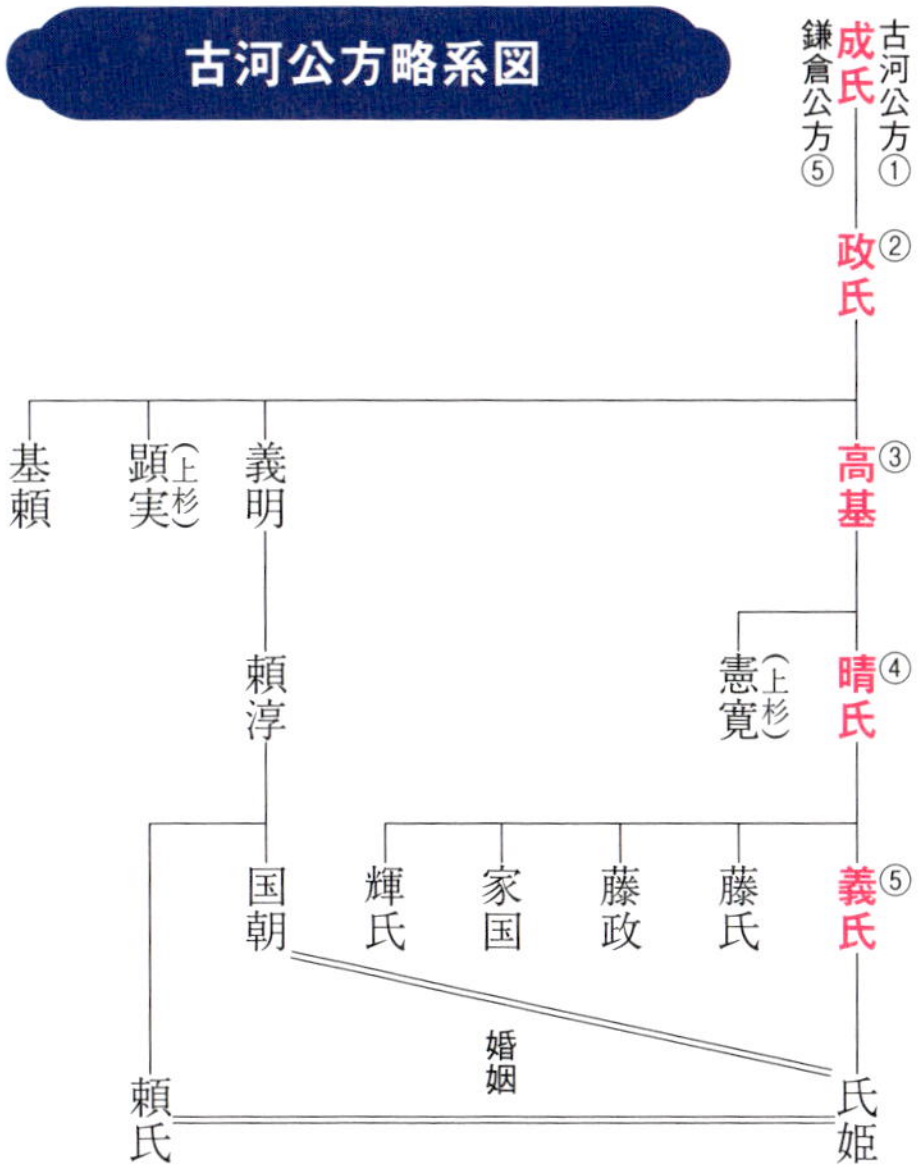

正保城絵図に描かれた近世の古河城◆古河公方の本拠で川と沼に囲まれた要害堅固な城であった。古河公方が断絶した後、江戸時代には古河藩の居城として機能した　国立公文書館内閣文庫蔵

古河城獅子ヶ崎土塁跡◆古河城跡の遺構はそれほど残っていないが、土塁跡などが現存する。獅子ヶ崎土塁は、古河城で戦略的に重要な構造物であった。形状は曲輪の突端、尖った土塁が堀に突き出すというきわめて特徴的な構造とされる　茨城県古河市

足利義氏の墓◆義氏は五代目の古河公方である。息子がいなかったこともあり、娘の氏姫が継承したものの、実質的には最後の公方となった。母は小田原北条氏綱の娘であり、北条氏の強い影響下のもとで公方に就任した　茨城県古河市

足利成氏軍旗（復元制作）◆弘化２年（1845）成立の『応仁武鑑』続編一の巻頭に描かれた「鎌倉成氏朝臣旗」の図によって復元された　古河歴史博物館蔵

古河周辺の関東要図◆関東地方の地形は江戸時代の干拓や利根川の流路変更などで、大きく変化している。戦国時代の古河は、香取内海（霞ヶ浦・印旛浦）と江戸内海の結節点に位置し、政治的にも交通・流通においても重要な場所であった　黒田基樹『図説 太田道灌』（戎光祥出版、2009 年）掲載の図をもとに作成

03 稲村公方《いなむらくぼう》——陸奥に派遣された鎌倉公方の弟

稲村公方府は、室町幕府から陸奥・出羽二ヶ国の管轄権を委譲された鎌倉府が、応永六年（一三九九）、三代鎌倉公方足利満兼の就任とともに奥羽の抑えとして陸奥国岩瀬《いわせ》郡稲村（福島県須賀川市）に設置した機関である。稲村公方には、足利満貞《みつさだ》（足利満兼の弟）が比定されている。

稲村公方の家宰《かさい》は、深谷《ふかや》（庁鼻和《こばなわ》）上杉氏がつとめた。上杉憲英・憲光《のりみつ》父子にその所伝が残される。稲村公方府が「足利満貞—深谷（庁鼻和）上杉氏体制」であったことは、鎌倉府における「足利氏—上杉氏体制」に准《なぞら》えた組織を企図していたことがうかがえる。

しかし、稲村公方は陸奥国への下向当初から陸奥国人の反発を受けることとなった。その代表は、陸奥伊《だ》達《て》氏であった。伊達政宗《まさむね》は応永七年、足利満貞から蘆《あし》名《な》満盛《みつもり》とともに「穏謀《いんぼう》」の露顕を理由に討伐対象とされている。また同時期、斯波《しば》大崎詮持《おおさきあきもち》も鎌倉から逃げ去り、帰途の陸奥国田村《たむら》庄大越において自害したとの所伝がある。いずれも、奥羽移管後の鎌倉府体制に対する不満の蓄積を示している。

稲村公方は、伊達政宗討伐への対応をめぐってその存在意義を急速に低下させていった。応永七年の第一次討伐には、常陸国人の大掾《だいじょう》氏や鳥名木《となぎ》氏らが出兵しており、奥羽の武家のみで軍勢を構成できない実態を露呈した。

そして応永九年の第二次討伐では、鎌倉から犬懸《いぬかけ》上杉氏憲《うじのり》（のち禅秀《ぜんしゅう》）が出兵した。氏憲は、当時の関東管領上杉朝宗《ともむね》の子息であった。ここに鎌倉府は、稲村公方に対して陸奥国の支配権を全面的に移譲していたわけではなかったことも明らかとなる。

伊達政宗討伐をめぐる推移のなかで、稲村公方は板《いた》橋《ばし》氏・赤坂《あかさか》氏（いずれも石川《いしかわ》氏庶流）などのごく一部の南奥国人を除き、その影響力を減少させたのであった。そして、応永十年代以降は存在意義を喪失したまま、陸奥国稲村にとどまっていたのである。

応永三十一年十一月、足利満貞は稲村の地を去り、鎌倉に帰還したとされる。同年二月、室町幕府と鎌倉府がひとたび和平協定を結んだことが関係しているのだろう。鎌倉では泰安寺《たいあんじ》（現在は廃寺）に居住したという。そのため、鎌倉帰還後の満貞は、泰安寺の所在地を冠して「二橋《ふたつはし》」殿と呼ばれた。また、実名も満貞から「満家《みついえ》」に改めた形跡がある。

しかし正長元年（一四二八）、満貞と南奥国人石川

稲村御所跡◆稲村公方の拠点となった場所で、釈迦堂川左岸の独立丘陵上に所在する。要害性はそれほど高くなく、政庁として機能したと考えられている。現在、主郭部は畑になっており、周囲を土塁が巡る　福島県須賀川市

上杉憲英の墓◆憲英は初期鎌倉府の重鎮・上杉憲顕の子で、武蔵国庁鼻和（埼玉県深谷市）を拠点とした。墓が所在する国済寺周辺は憲英の築いた庁鼻和城の跡地とされ、境内には土塁や築山が残っている

持光《もちみつ》の関係が復活した。持光が、父義光《よしみつ》を攻殺した白《しら》川《かわ》（白河結城《しらかわゆうき》）氏朝《うじとも》に対抗するため、足利満貞をつうじて鎌倉公方足利持氏の助援を求めたからである。

このとき満貞は、甥の持氏とともにこの争乱に介入した。じっさいに、鎌倉府勢が北関東へ派兵されたことも知られる。しかし南奥州の国人・一揆《いっき》層から与同するものはほとんど現れなかった。すでに白川氏が、篠川《ささがわ》公方《くぼう》足利満直《みつなお》をつうじて室町幕府との関係を形成し、南奥州の有力国人や海道《かいどう》五郡《ごぐん》一揆らは室町幕府に与同する意志を明確にしていたからである。

結果、満貞はふたたび南奥州での政治的影響力を回復するには至らなかった。満貞は、当時の鎌倉公方足利持氏との一体関係によって自己の権威を保つという姿勢から脱却することはなかったのである。

満貞は、永享の乱で持氏に加担し、永享十一年二月十日、鎌倉永安寺《ようあんじ》でその命運をともにした。（杉山）

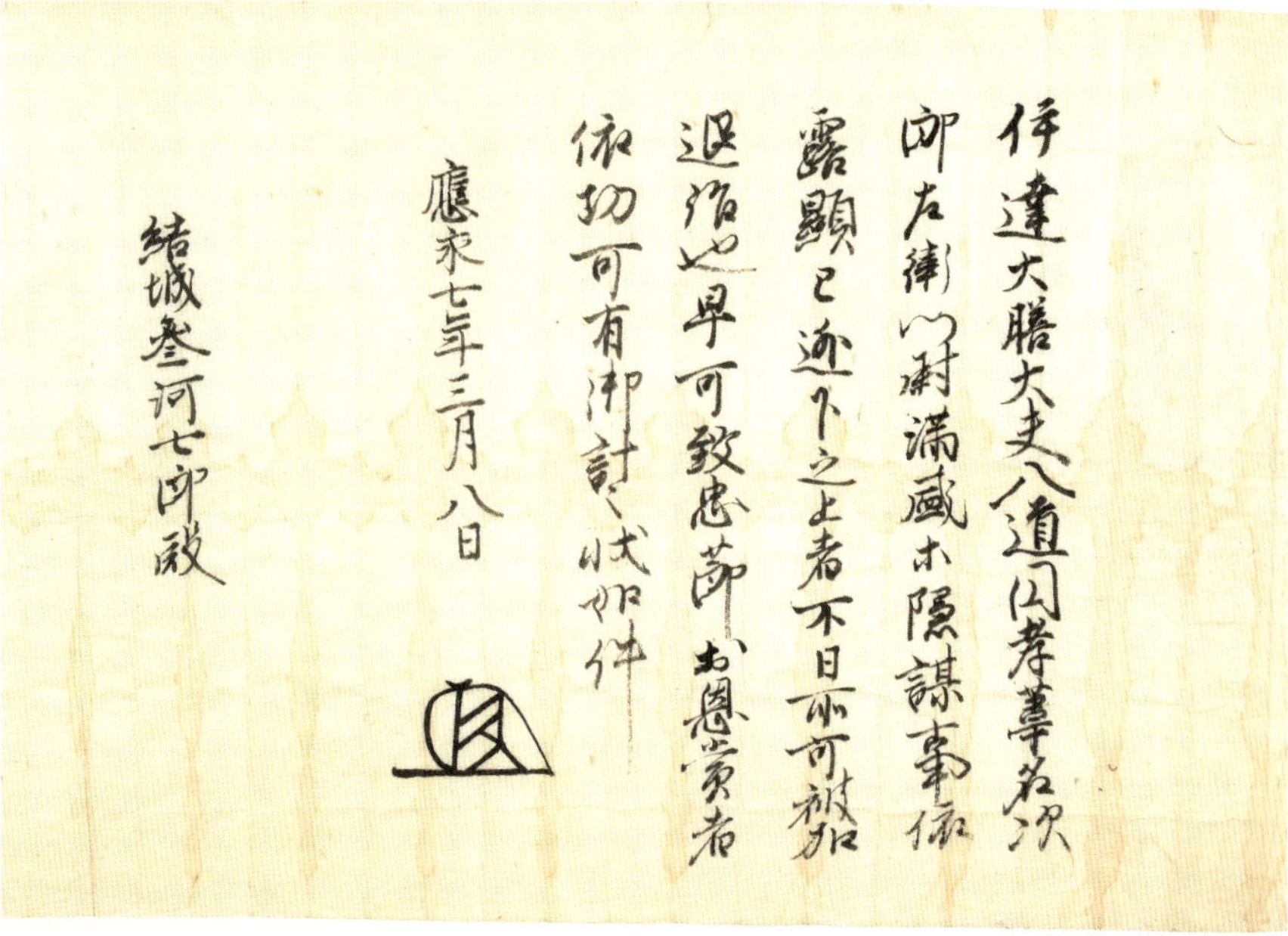
伊達大膳大夫入道円孝葦名次
郎左衛門尉満盛等隠謀事依
露顕已逃下之上者不日所可被加
退治也早可致忠節於恩賞者
依功可有御計之状如件
應永七年三月八日
結城参河七郎殿

応永７年３月８日付け稲村公方足利満貞書下◆満貞が結城三河七郎（小峰満政）に対し、伊達政宗と蘆名満盛の隠謀が明らかになったので討伐するよう命じている。満貞は奥羽の要となるはずであった　小峰城歴史館蔵・東京大学史料編纂所写真撮影

石川氏略系図

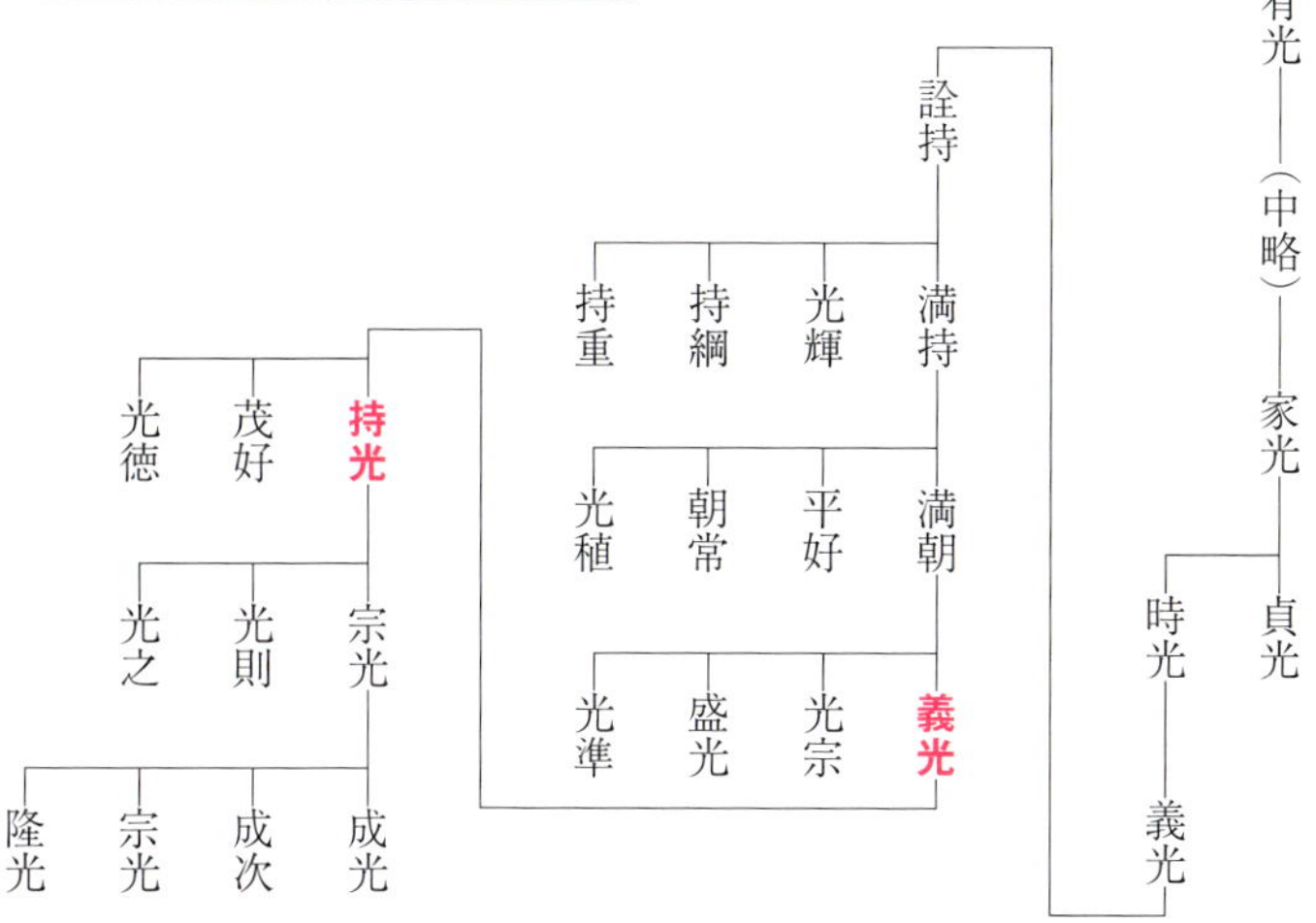

04 篠川公方《ささがわくぼう》——鎌倉府を離反し、幕府に従属する

篠川公方府は、鎌倉府が奥羽二ヶ国の抑えとして陸奥国安積《あさか》郡篠川（福島県郡山市）に設置した統治機関である。篠川公方には、足利満直（三代鎌倉公方足利満兼の弟）が比定されている。

かつて篠川公方足利満直は、兄の稲村公方足利満貞とともに陸奥国へ下向したとみなされていた。しかし、足利満直の元服儀礼が鎌倉で行われた形跡があることや、陸奥国での初見史料が応永二十年代であることから、そうした見解には疑義がある。満直の陸奥下向は、四代鎌倉公方足利持氏の年少期、犬懸上杉氏の主導による鎌倉府の奥羽政策との関連でとらえるのが穏当であろう。

のちに満直は、鎌倉府との関係を断ち、室町幕府に従属する姿勢を明確にした。その背景として、満直はそもそも甥の持氏との政治的関係が希薄であったということもあったのだろう。

四代将軍足利義持は、応永三十年（一四二三）、足利満直に対して鎌倉へ戻って「行沙汰」をするよう指示し、斯波大崎氏に合力を命じた。このとき満直は、持氏に代わる存在としての政治的位置づけが与えられたのである。しかし満直は、実際にその行動をとることができなかった。そうした実力も影響力もなかったのである。

六代将軍足利義教は、将軍就任当初、満直と積極的に接触を図った。そのとき満直は、義教に対して「関東政務御教書《かんとうせいむみぎょうしょ》」を改めて拝領したいと要求し、認められた。しかし、室町幕府の権威に依存する満直の体質は、その限界を露呈している。

永享三年（一四三一）、室町幕府と鎌倉府が一時的に和平協定を締結したとき、これに消極的だった義教

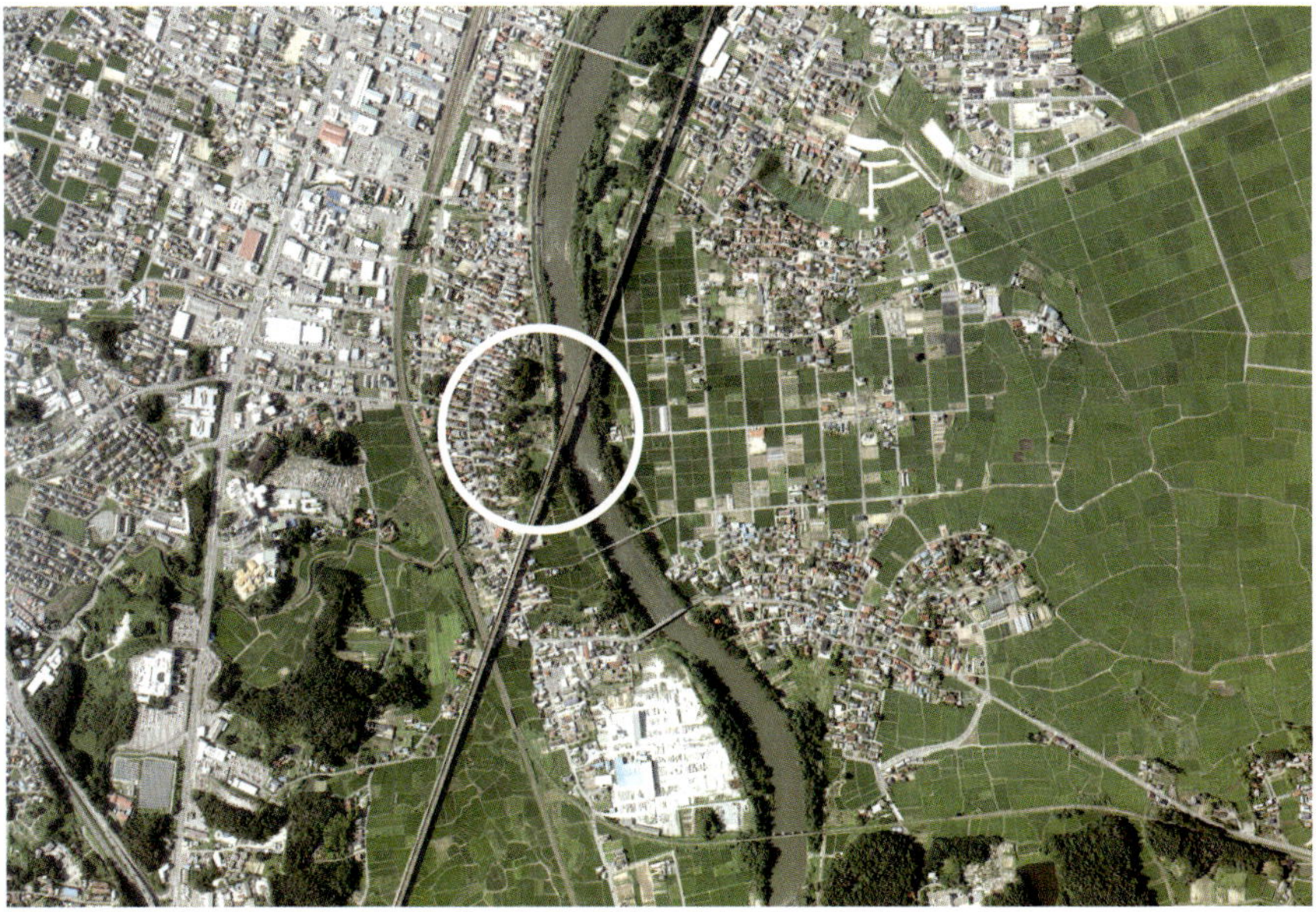

篠川御所跡航空写真◆阿武隈川左岸の微高地に位置する。築造時期・築造者ともに不明だが、南北朝期の史料に篠川城が見えることから、満直が入る以前から重要な場所であったようだ。現在、堀跡が見られ、敷地内には東舘稲荷神社が所在する　福島県郡山市　写真提供：国土地理院

満済画像◆醍醐寺三宝院門跡で、将軍足利義持・義教のブレーンとして知られる。将軍の諮問に与ることも多く、満直の動向やこの時期の東国の情勢が満済の日記『満済准后日記』には詳しく記されている。当時の満直の位置付けを考えるうえで興味深い　東京大学史料編纂所蔵模写

は、時間稼ぎのために満直の存在を利用した。義教は、満直からの要求を口実にして、さまざまな条件を提示したのである。満直は、室町幕府の〝政治〟に利用された側面が多分にあったのである。室町幕府における満直の政治的位置づけとは、その程度のものだったとみることもできよう。

じっさいに同年七月十九日、室町幕府と鎌倉府の和平協定が締結されると、幕府関係の諸史料から満直の記事は激減する。満直の政治的立場の決定的低下を明示している。

篠川公方の家宰は高南氏がつとめ、篠川公方府中枢は「足利満直―高南氏体制」がとられていた。鎌倉府や稲村公方府と異なり、上杉氏一族の関与がみえないことが特徴である。

そして篠川公方府に伺候した人物には、常陸小栗《おぐり》氏の出身者、下野の宇都宮藤鶴丸（のち等綱《ともつな》）、長沼《ながぬま》次郎など、足利持氏の討伐から逃れ、篠川公方を頼った東国武家が散見されることも特徴である。さらに南奥国人層では、白川氏・小峰《こみね》氏ら白川氏一族、石川氏庶流の蒲田《かまた》氏・板橋氏が、篠川公方の政治秩序を容認した。しかし南奥国人は、鎌倉公方に対抗できる上意が確保できれば、それは篠川公方でも足利将軍でもよかったようである。篠川公方は、室町幕府からの後援を演出することによって政治的影響力を及ぼすしかなかったといえる。

いずれにせよ満直は、室町幕府の権威を利用して南奥州をかためるだけで精一杯であった。ただ満直は、足利持氏の征討が行われた永享の乱において、錦御旗を授けられている。篠川公方は、その権威と実態が大きく乖離する存在であったことがわかる。

満直は、永享十二年（一四四〇）の結城合戦にともなう政治的混乱のなかで、旧鎌倉府体制に従属しつづける南奥国人によって滅ぼされた。

（杉山）

足利満直の花押◆足利将軍や鎌倉公方の花押と形状が似ている。足利様の花押である

南氏墓所◆南氏は高一族の有力庶流で、南宗継が南北朝内乱初期から尊氏に重用され、軍事・行政両面で活躍したことが知られている。南氏はその後、鎌倉公方の近習等として活躍した。墓所内の５基の五輪塔にはそれぞれ南北朝～室町期の紀年銘が刻まれている　栃木県足利市・清源寺

室町期陸奥国の勢力図

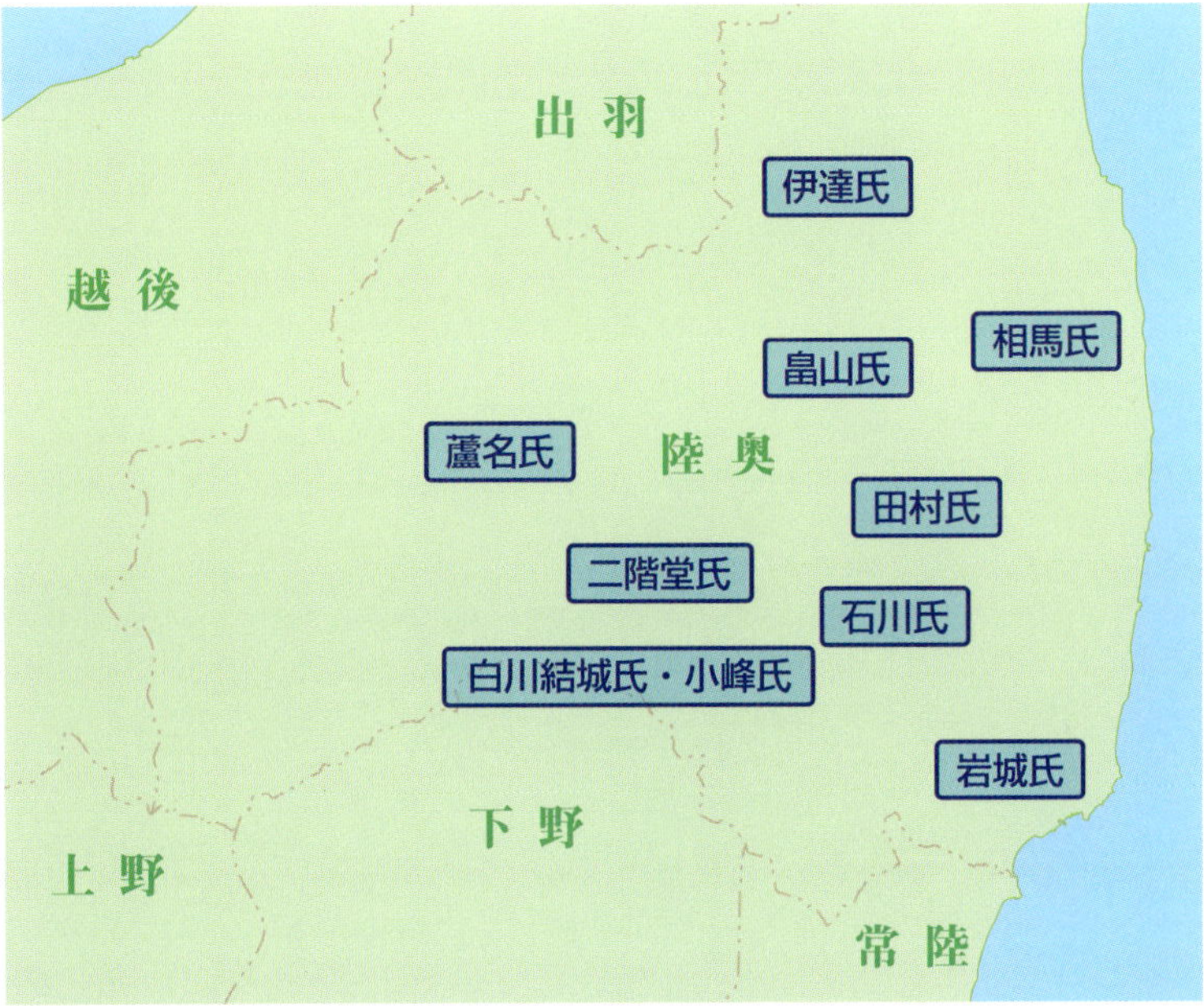

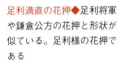

視点

幕府から派遣された堀越《ほりごえ》公方《くぼう》

享徳の乱時、八代将軍義政《よしまさ》は、異母兄の天龍寺《てんりゅうじ》香厳院《きょうごんいん》清久《せいきゅう》を還俗させ、左馬頭《さまのかみ》に任じて政知《まさとも》と名乗らせた。

そして、長禄二年（一四五八）に新鎌倉公方として関東に送り込んだが、政治情勢などが影響して政知は鎌倉に入ることができなかった。その後、伊豆国堀越（静岡県伊豆の国市）にとどまったことから、堀越公方と呼ばれている。

政知は、はじめ国清寺《こくせいじ》（同伊豆の国市）を居館とした。同寺は山内上杉氏の氏寺《うじでら》であり、伊豆守護の支配拠点でもあった。そのため、伊豆国の支配機構との連携をはかって居館にしたのではないかといわれている。しかし、その後、焼き払われて近隣の堀越の地に移ることになった。

堀越公方は経済基盤がなかったため、公帖《こうじょう》（住持の補任状）発給にともなう礼銭や、京都から付き従ってきた近臣による京都寺院領の押領《おうりょう》（自分の所領にしてしまう行為）によって経済基盤を確保しようとしたと考えられている。しかし、こうした行為が在地秩序を乱し、かえって堀越公方を支持するものを減らした。

東国武士の協力を得られない政知は、孤立を深めていった。京都で応仁・文明の乱が勃発すると、幕府からの援助も難しくなった。さらに成氏と幕府が和睦すると、伊豆を確保するだけで精一杯になる。

こうした状況のなか、将軍義尚《よしひさ》が後継者のいないまま没した。政知は巻き返しをはかって子の義澄《よしずみ》を将軍の座に就かせようとしたが、実現しないまま延徳三年（一四九一）に死去した。後継者は茶々丸《ちゃちゃまる》になったが、これは異母弟・潤童子《じゅんどうじ》の殺害をともなう争いを経てのものであった。

茶々丸は明応二年（一四九三）に伊勢宗瑞《いせそうずい》が伊豆に侵攻すると、没落した。堀越公方府はここに断絶する。（編集部）

室町・戦国期の伊豆の勢力と城郭分布図

足利茶々丸の墓◆足利政知の子。政知が死去すると後継者とみなされていた異母弟・潤童子を殺害し、二代堀越公方となった。堀越公方の家臣の支持は得られなかったが、支援勢力として伊豆の狩野氏らが想定されている　静岡県伊豆の国市・願成就院

（右ページ）国清寺◆関東執事畠山国清により開基されたとされるが、実際は初代関東管領上杉憲顕が父憲房の七回忌に際し創建したという。室町期には寺勢を誇り、関東十刹に数えられた　静岡県伊豆の国市

05 関東管領《かんとうかんれい》——補佐役として鎌倉公方を支える

関東管領は、鎌倉府で公方の補佐役を務めた。南北朝期に上杉憲顕《のりあき》が就任して以来、代々上杉氏一族が担った。上杉氏一族のなかでも犬懸上杉氏と山内上杉氏が関東管領を務めたが、上杉禅秀の乱で犬懸上杉氏が没落すると、山内上杉氏が独占するに至った。

なお、関東管領に先行して、基氏期には関東執事《かんとうしつじ》が置かれ、上杉憲顕、高師冬《もろふゆ》・師有《もろあり》、畠山国清《はたけやまくにきよ》、上杉左近将監《さこんしょうげん》（顕能《あきよし》か）らが任じられた。室町幕府では管領に先行して執事が置かれていたが、鎌倉府の場合はしばらく関東管領と関東執事が併置されていたようである。両職の職掌には違いがあり、やがて関東管領は関東執事の職掌を吸収していったと理解されている。

関東管領の職務としては、公方が発給する御教書《みぎょうしょ》をうけて奉書《ほうしょ》・施行状《しぎょうじょう》を出すことがあげられる。公方の命令を受け、その内容を伝達する役割を担ったのである。また、鎌倉府における訴訟の手続きや担当する奉行人《ぶぎょうにん》の選定なども行った。なお、永和四年（一三七八）の上杉憲春の補任以降、関東管領は武蔵守護職を兼ねるようになった。

関東管領は鎌倉公方を補佐をしていたが、任命権は室町幕府にあった。そのため、関東管領は鎌倉府と幕府を取り次ぐ役目を担った。そして、公方が幼少の際には政務を代行するなど、重要な役割を果たしたことが知られる。

ところで、康暦元年（一三七九）に京都で細川頼之《ほそかわよりゆき》と斯波義将《しばよしゆき》が対立した康暦の政変が発生すると、二代公方氏満は政変に便乗して上洛を企てた。そのとき関東管領上杉憲春はそれを阻止すべく諫言している。このように、公方が幕府に反する動きをみせると、関東

歴代の関東管領の在任期

名前		在任	退任理由
	上杉憲顕	貞治二年三月二十四日以後～応安元年（1368）九月	死去
	上杉能憲	応安二年二月～永和二年五月	辞職
	上杉朝房	応安二年五月～永和元年（1375）以前か	辞職・上京
	上杉能憲	永和二年八月～同四年四月	死去
	上杉憲春	永和四年六月～康暦元年（1379）三月	自害
山内	上杉憲方	康暦元年四月？～永徳二年（1382）一月	辞職
山内	上杉憲方	永徳二年六月～応永元年十月	死去
犬懸	上杉朝宗	応永二年三月～同十二年十月～	辞職
山内	上杉憲定	応永十二年十月～同十七年七月～	辞職
犬懸	上杉氏憲	応永十七年十月～同二十一年十二月～（同二十二年五月か）	辞職
山内	上杉憲基	（応永二十二年五月？）～応永二十三年十月～同二十四年四月	辞職
		応永二十四年六月～同二十五年正月	死去
越後 山内	上杉憲実	応永二十六年（1419）二月～永享十一年（1438）十月か十一月頃	出家
		永享十二年四月～嘉吉二年（1442）五月	辞職
越後（上条） 山内	上杉清方	嘉吉二年五月～文安元年八月以前	死去
山内	上杉憲忠	文安四年～享徳三年十二月二十七日	殺害
山内	上杉房顕	康正元年（1455）三月～文正元年（1466）二月	死去
越後 山内	上杉顕定	応仁元年（1467）後半～永正七年（1510）六月	戦死
山内	上杉顕実	永正七年六月～永正十二年	死去
山内	上杉憲房	永正十二年～大永五年（1525）三月	死去
山内	上杉憲寛	大永五年三月～享禄四年（1531）	家督争い
山内	上杉憲政	享禄四年～永禄四年（1561）閏三月	辞職
山内	上杉謙信	永禄四年閏三月～天正六年（1578）三月	死去

※黒田基樹編著『足利基氏とその時代』・同『足利氏満とその時代』・同『足利満兼とその時代』・同『足利持氏とその時代』・同『足利成氏とその時代』などを参照。

『続英雄百首』に描かれた高師冬◆室町幕府の執事・高師直の従兄弟で猶子となった。足利尊氏の命をうけ、関東執事として東国の南朝軍を鎮圧するなど、大きな軍功をあげた　当社蔵

管領はたびたび公方に対して諫言した。これは鎌倉府と幕府の関係を保つために必要な行為であった。

また、幕府と鎌倉府の間で立場に苦慮した関東管領として、上杉憲実がいる。憲実は公方持氏が永享の乱によって自害をすると、隠遁の意思を示す。しかし、幕府は辞職を認めず、慰留《いりゅう》した。これは任命権が幕府にあった影響が大きく、あくまでも幕府との関係に左右される役職であったことがわかる。

その後、憲実の隠遁は認められ、憲実の弟・清方《きよまさ》が関東管領に就任したが、清方が早世すると幕府は再び憲実に復帰を要請する。だが、憲実は固辞し、憲実の息子・憲忠が就任した。このとき他の上杉氏一族ではなく、山内上杉氏の人物から関東管領を出すことに皆がこだわっていたようで、山内上杉氏こそが関東管領という認識が広まっていたといわれている。

しかし、憲忠はその後、公方成氏によって殺害され、享徳の乱が始まった。公方の補佐役であった関東管領は、皮肉にも公方の手によって終止符が打たれたのであった。

ただ、享徳の乱の勃発により鎌倉府が解体しても、関東管領の職が消滅したわけではない。その後も山内上杉氏が世襲し、小田原北条氏の脅威に曝された上杉憲政《のりまさ》の譲りをうけた上杉謙信《けんしん》（長尾景虎《ながおかげとら》）まで連綿と続いていったのである。ちなみに、関東管領は官途《かんと》ではなかったが、十五世紀後半以降は官途と同様の意味が与えられたという。

ところで、戦国期の関東では、小田原北条氏や里見氏などが関東管領やそれに類する職名を自称している。これは戦国期にいたっても、関東管領がある種の権威を帯びていたことの証左だろう。

（編集部）

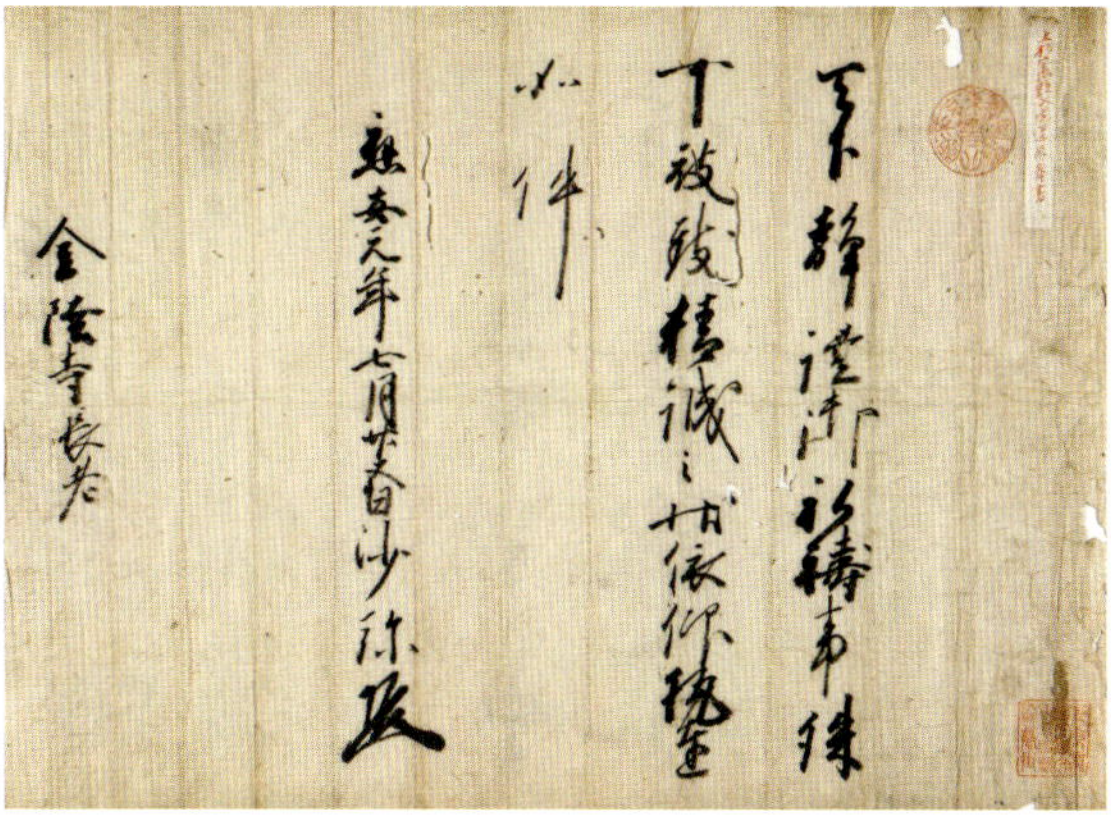

応安元年7月25日付け上杉憲顕奉書◆金隆寺に対して祈祷を命じたもの。公方氏満が幼少のため、関東管領の憲顕が奉書を発給している。公方の意をうけて奉書を発給することは、関東管領の重要な職務であった　東京大学史料編纂所蔵

伝上杉憲実一族の宝篋印塔群◆左から憲基・憲実・憲忠の墓とされる。墓が所在する珠明寺は、寺伝によると、円覚寺住持をつとめた蘭室妙薫が円覚寺から追放された後、上杉憲実の援助により建立されたという　神奈川県南足柄市

上杉謙信画像◆越後国守護代・長尾家の出身で、長尾為景の子。上杉憲政から上杉氏の家督を継ぎ、鎌倉府との縁も深い鶴岡八幡宮で関東管領に就任した。跡を継いだ上杉景勝は関東管領になっていないため、謙信が最後の関東管領である　個人蔵

06 守護《しゅご》——軍事で活躍、地域統制もこなす

鎌倉幕府のもとで設置された守護の職権は、大番役《おおばんやく》（京都・鎌倉の警固）の催促、謀反人《むほんにん》の検断《けんだん》（逮捕・裁判）、殺害人の検断という、いわゆる大犯三箇条《たいぼんさんかじょう》に限られていた。

だが、室町幕府が発足すると、南北朝内乱の展開のなかで、刈田狼藉《かりたろうぜき》の検断権（勝手に相手の田の稲を刈る行為の取り締まり）、使節遵行《しせつじゅんぎょう》権（所領争いの裁判の結果を強制執行）、闕所地付与《けっしょちふよ》権（没収した敵の土地を味方に与える権利）などの権限が加わり、地域に対して大きな力を振るうようになった。また、幕府の軍事編成でも核として位置づけられ、幕府の地方支配のなかで大きな位置を占めることにもなった。

室町幕府の守護制度は、西国の様相をもとに語られることが多いが、鎌倉府体制下の東国守護も大きな違いはない。

鎌倉府の管轄国は、最大で相模・武蔵・上野・下野・常陸・下総・上総・安房・甲斐・伊豆・駿河・信濃・越後・陸奥・出羽の十五ヶ国だった。陸奥と出羽には守護が置かれず、駿河・信濃・越後は管轄が流動的なので、ここではそれ以外の国の特徴をみていきたい。

管轄国のうち、上野—山内上杉氏、下野—小山《おやま》氏、常陸—佐竹《さたけ》氏、下総—千葉《ちば》氏、甲斐—武田《たけだ》氏は、基氏期から特定の家が守護を占めていた。また、相模も紆余曲折はあったが、基本的には三浦《みうら》氏が補任されている。これらの家の特徴として、足利氏の被官だった山内上杉氏以外は、鎌倉期以来の伝統的な東国武家だったことが指摘されている。

また、それ以外の国では、詳細不明な安房を除いて、二代氏満期以降、武蔵は関東管領が兼帯、上総は犬懸上杉氏、伊豆は山内上杉氏と、上杉氏一族によって占

持氏期の守護分布図（永享年間）

められていくようになる。これは、基氏期後半以降の、上杉氏を中心とした鎌倉府の統治体制の進展が大きく関わっているのだろう。また、室町幕府が畿内守護の大半を足利氏一族で固めていたことと連関させ、上杉氏による守護職独占をそれと類似の現象とみる向きもある。

ちなみに、室町幕府管轄国の守護は、京都在住が義務づけられていた（在京制《ざいきょうせい》）。鎌倉府管轄国の守護や有力大名・国人も、南北朝内乱のころはそれぞれの本国や拠点にいることが一般的だったが、内乱が沈静化し、鎌倉府が安定期をむかえると、鎌倉への出仕が義務づけられていったことが明らかにされている。これを「在倉制《ざいそうせい》」という。

在倉制によって、都市鎌倉は繁栄した。だが、四代持氏期になると、守護・大名層と鎌倉公方の対立が顕在化し、鎌倉への出仕を拒むものも現れた。

そして、享徳の乱以降は公方自体が鎌倉にいなくなったため、都市鎌倉の求心力が低下し、在倉制は自然消滅した。以後、守護たちは自身の所領経営に専念するとともに、享徳の乱から始まる東国全土を巻き込んだ戦乱に否応なく参加せざるをえなくなり、いわゆる戦国時代を迎えるのである。

なお、守護の下には守護代等が置かれ、地域支配をおこなっていた。しかし、史料の残存状況の問題もあり、その実態はあまり明らかになっていない。

また、下野では守護小山氏のほかに宇都宮・那須《なす》・長沼氏、常陸では守護佐竹氏のほかに大掾《だいじょう》・小田《おだ》・真壁《まかべ》氏というように、北関東では国内に守護以外にも鎌倉期以来の有力氏族が盤踞しており、守護は一国単位の地域支配はできていなかったと目されている。

（編集部）

大寶寺◆佐竹氏が鎌倉に営んだ屋敷跡とされる。もともと佐竹氏の祖となった源（新羅三郎）義光の屋敷だったと伝えられる場所で、境内には伝義光墓もある。佐竹義盛の時期に寺院に改められ、義光の守護神・多福明神にちなんで「多福寺」となったという　神奈川県鎌倉市

武田信重の墓◆信重は甲斐国の守護を務めたが、在地勢力の反発・室町幕府の思惑・公方足利持氏との敵対など、さまざまな理由で守護就任までに紆余曲折のあったことが知られる　山梨県笛吹市・成就院境内

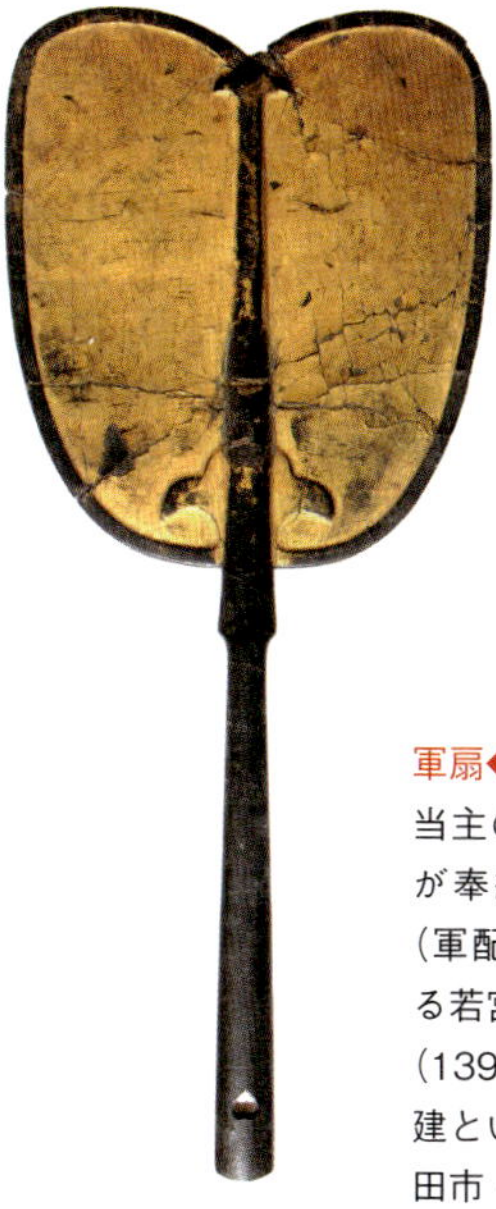

軍扇◆室町時代、佐竹氏当主の佐竹義憲（義人）が奉納したという軍扇（軍配）である。所蔵する若宮八幡宮は応永年間（1394 ～ 1428）頃の創建という　茨城県常陸太田市・若宮八幡宮蔵

武田氏略系図

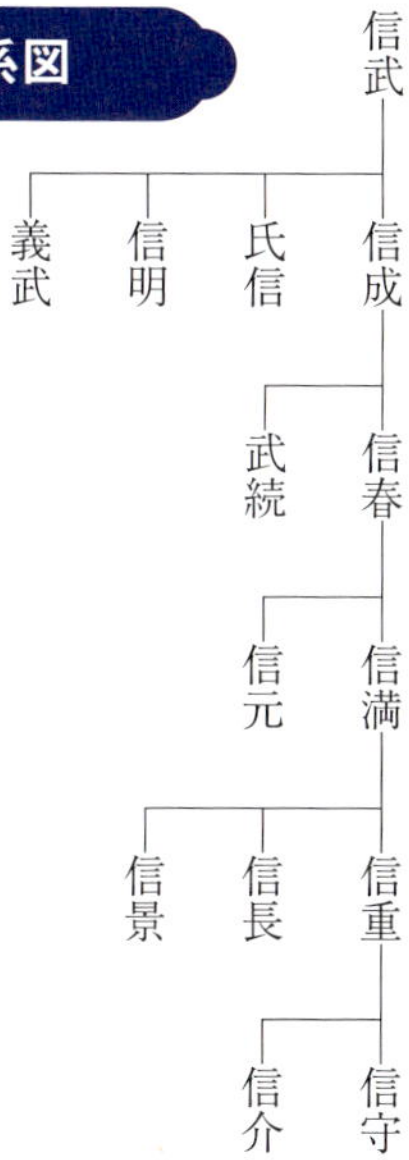

佐竹氏略系図

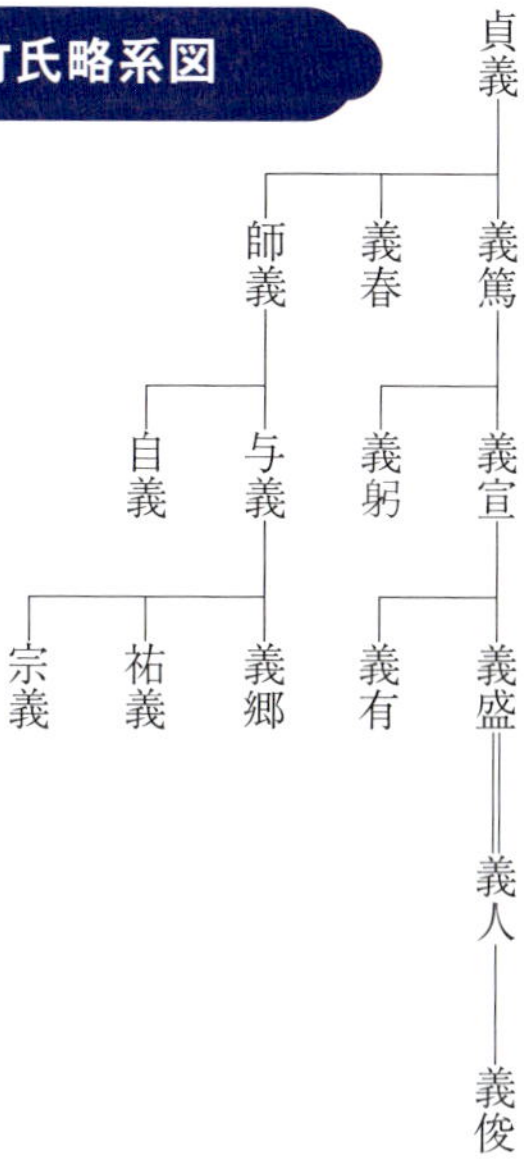

07

上杉氏《うえすぎし》——足利氏の外戚として関東で繁栄

上杉氏は藤原北家《ふじわらほっけ》の庶流、勧修寺《かじゅうじ》藤原氏の一族で、朝廷の実務官僚を務める家柄であった。建長四年（一二五二）、宗尊《むねたか》親王が親王将軍として鎌倉に下向した際、重房《しげふさ》が供奉し、丹波国何鹿郡《たんばのくにいかるがぐん》上杉庄（京都府綾部市）を賜り、上杉氏を称することになったという。重房の娘が足利頼氏《よりうじ》の子・家時《いえとき》を産み、頼重《よりしげ》の娘・清子が家時の子・貞氏《さだうじ》との間に尊氏・直義をもうけたことから、上杉氏は足利氏の外戚として重用されることになった。

室町幕府が開創すると、上杉氏は主に関東で重用された。観応の擾乱では直義方につき、一度は没落するも、足利義詮・基氏兄弟の要請で上杉憲顕が復権した貞治元年（一三六二）以降は、鎌倉府の中心勢力となっていく。なお、この時期の上杉一族は、まだ山内・犬懸・扇谷《おうぎがやつ》・宅間《たくま》などには分立していない。

分立が始まるのは、氏満の時期である。この頃、家領の枠組みが形成され、個別の家のかたちができたと指摘されている。それにともない、憲方《のりまさ》にはじまる山内家、朝宗《ともむね》にはじまる犬懸（釈迦堂《しゃかどう》）家、顕定《あきさだ》にはじまる扇谷家、能俊《よしとし》にはじまる宅間家、房方《ふさまさ》にはじまる越後家といったように、それぞれの家が形成されたのであった。

また、氏満の頃になると在京する一族もでてきた。さらに、関東管領に付随の所領と各家領の区分が明確となり、能憲《よしのり》のころに伊豆・上野守護職はのちの山内家が相伝し、憲春が関東管領職と武蔵守護職を兼帯したことで、両職の兼帯も成立したといわれている。

満兼の頃には、家の分立がさらに明確となったと指摘されている。関東管領を歴任する山内・犬懸家、越後守護として室町幕府に出仕する越後家、鎌倉府に奉

上杉氏略系図

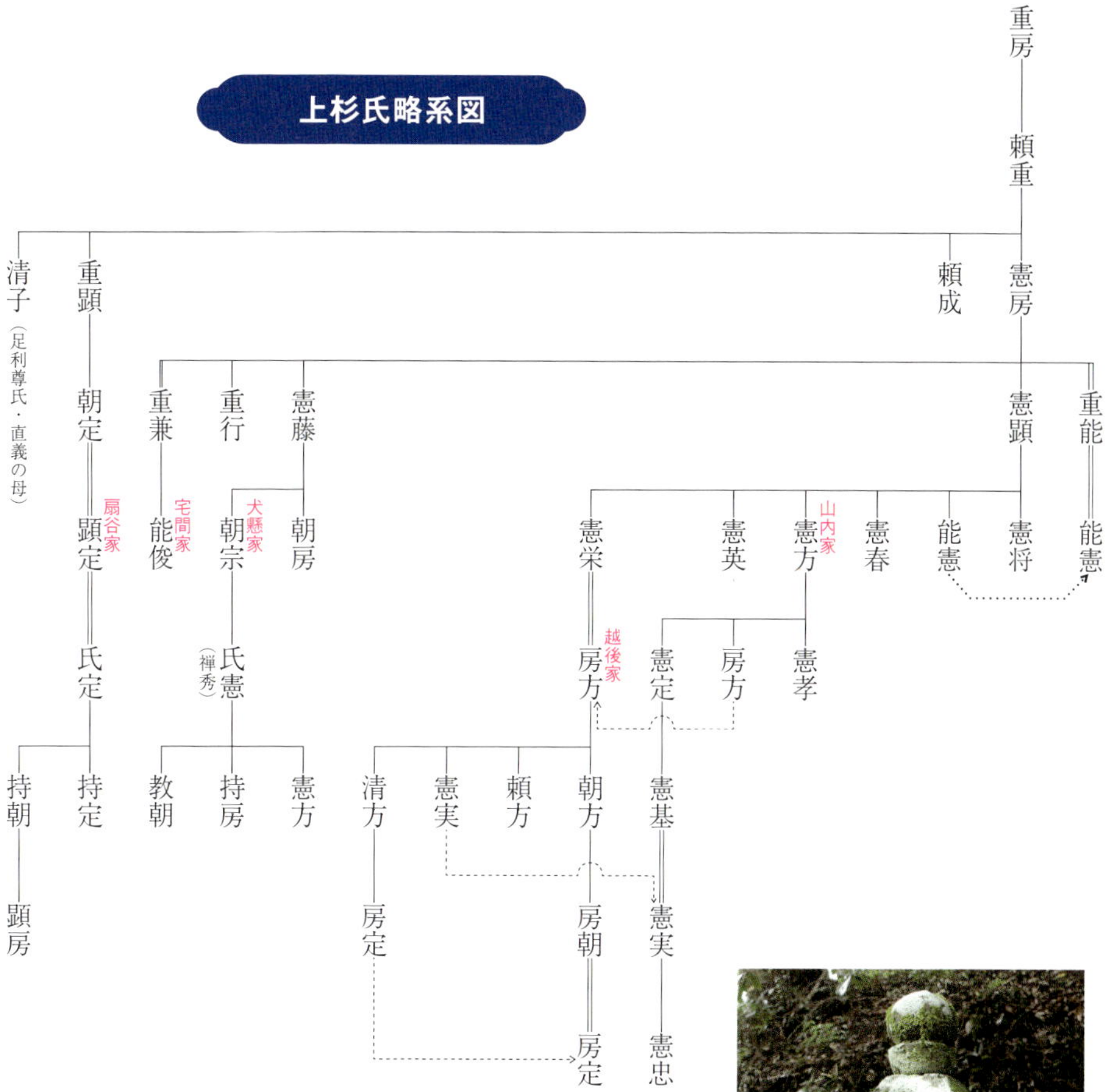

伝上杉憲顕の墓◆憲顕は上杉憲房の子で、憲房が京都四条河原で北畠顕家・新田義貞らとの戦いの末、戦死すると家督を継いだ。観応の擾乱では足利直義方に付き、乱後は一時没落するも、後に鎌倉府に復帰し、公方基氏を支えた。関東管領上杉氏の礎を作った重要人物である　静岡県伊豆の国市・国清寺

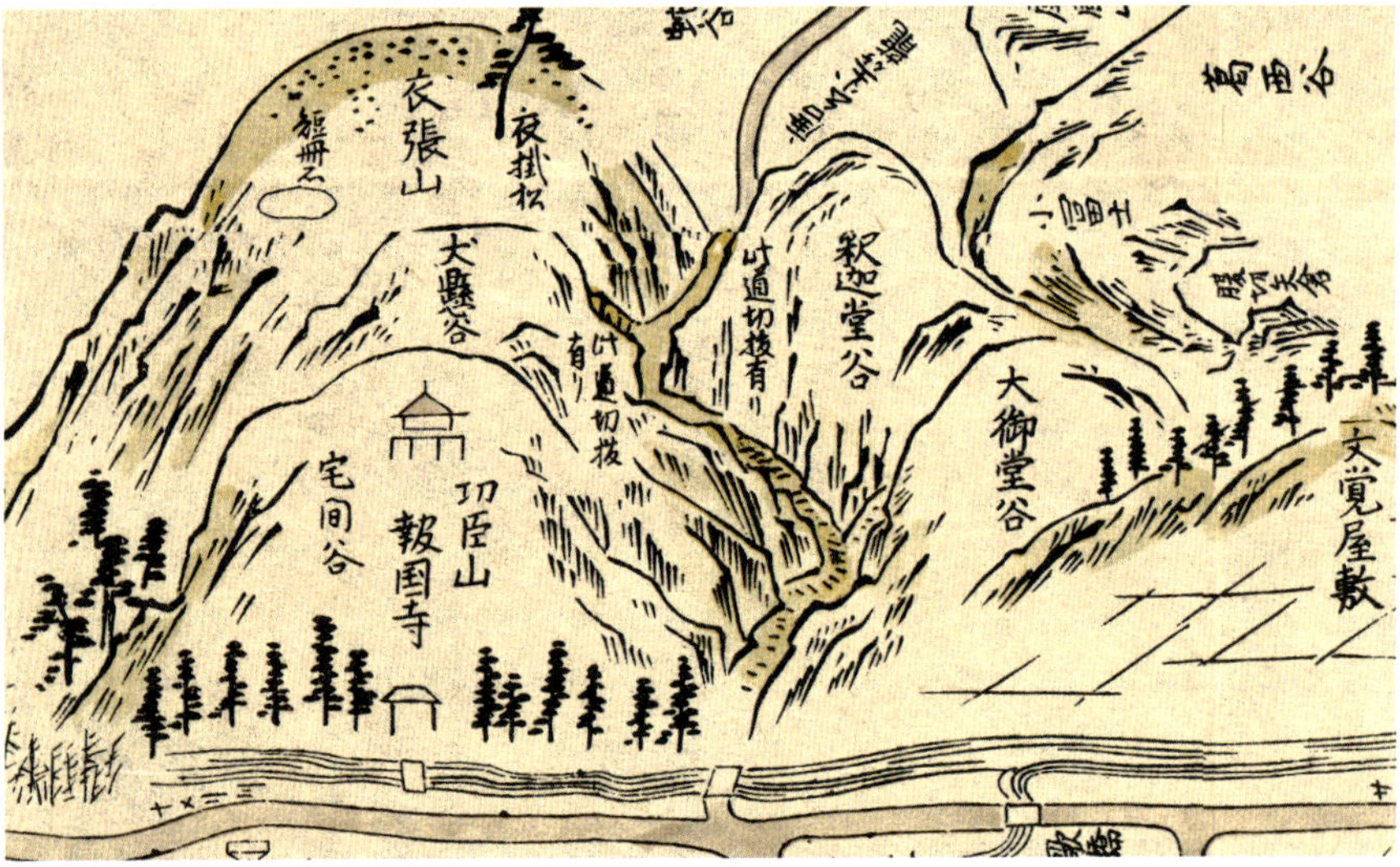

絵図に描かれた犬懸周辺◆六浦道に沿って、犬懸や宅間など家の名称となった谷戸がつづき、宅間上杉氏の菩提寺だった報国寺も描かれる。六浦道を挟んで反対側には公方御所があった　個人蔵

公する庁鼻和《こばなわ》家・扇谷家・宅間家といった具合である。

持氏の頃になると、さらに一族の分出が進み、山内家からは越後家・山浦《やまうら》家、犬懸家では四条《しじょう》家、庁鼻和家からは只懸《ただかけ》家、宅間家からは三宝寺《さんぼうじ》家・榎下《えのした》家がそれぞれ分出したといわれている。

持氏の頃、山内家・犬懸家が関東管領に就任する家だという認識が確立したが、大きな転換点がおとずれた。犬懸家の当主・禅秀が持氏に対して反乱を起こしたのである（上杉禅秀の乱）。これにより、関東管領は山内家のみが任じられるようになり、同職が山内家の家職《かしょく》となる状況になったという。

禅秀の乱で犬懸家は没落したが、幕府が禅秀の遺児である憲秋《のりあき》・教朝《のりとも》を扶持し、応永三十年（一四二三）の持氏追討では軍勢大将の一人に憲秋《のりあき》を任命している。その後も、関東追討軍の大将に在京する上杉一族を起用する事例が多くみられる。

鎌倉府では犬懸家の没落にともない、扇谷家が台頭した。永享の乱で、扇谷家は山内家との結びつきを強め、持氏の自害後は、鎌倉府で山内家に次ぐ政治的な立場を占めた。さらに、山内上杉憲実が隠遁すると、扇谷家は幕府から実質的な鎌倉府首班として認められるようになった。戦国期は山内・扇谷両家が大きな勢力を持つが、前提はここにあるといわれている。

成氏の頃になると、享徳の乱によって鎌倉府が崩壊し、上杉一族のありかたも大きく変わることになった。上杉氏は複数の家に分かれていたが、乱の結果、山内家・扇谷家・越後家のみが地域を独自に支配する存在として存続し、在京する一族では四条家・八条《はちじょう》家だけが室町幕府の直臣として存続するにすぎなくなったと指摘されている。

そのほか、上杉氏の一族自体は享徳の乱以降もみられるが、系統が不明な人物や、どの家の上杉氏なのか不明な人物が多く、自立もままならない一族もいたことが明らかにされている。

なお、戦国時代、関東管領山内上杉憲政は、越後の戦国大名長尾景虎に上杉家の名跡と関東管領職を譲り、景虎は名乗りを上杉政虎《まさとら》（後の謙信）と改めた。上杉氏はこのようなかたちで存続し、近世以降も家名を残した。

（編集部）

上杉憲実木像◆憲実は越後家の房方の子で、山内家の憲基が死去すると養子として山内家を継ぎ、関東管領に就任した。室町幕府の信頼が篤く、両府の間をたびたび取り持っている。永享の乱で公方持氏が敗死すると、関東管領を辞任。幕府から復帰を促されるも、固辞して二度と就くことはなかった　新潟県南魚沼市・雲洞庵蔵

08 侍所《さむらいどころ》——犯罪人を逮捕・処刑、治安を維持する

鎌倉府の侍所は、都市鎌倉の治安維持、犯罪人の逮捕や処刑などを主な職務とした。ただ、侍所の構成やどのような階層の人たちが職員となっていたかなど、不明な点が多い。

室町幕府の侍所は幕府開創後すぐに設置されたことが確認できるが、鎌倉府の侍所がいつ設置されたのかはよくわかっていない。ただし、足利義詮が関東支配を担っていた康永元年（一三四二）には侍所設置の徴証があることから、初代の足利基氏期には設置されていたと推定されている。

責任者は、室町幕府と同じく所司《しょし》（頭人《とうにん》）と呼ばれた。南北朝期には、三浦高通《たかみち》や高坂氏重《たかさかうじしげ》など守護クラスの人物の就任が推定されているが、特定の傾向はみられない。

だが、応永年間（一三九四～一四二八）の千葉満胤《みつたね》の就任を機に、以降は兼胤《かねたね》・胤直《たねなお》と継承され、千葉氏の世襲化が進んだようだ。そのため、室町幕府の「四職《しき》」のようなかたちで、特定の家が持ち回りで頭人に就任することはなかった。

その後の侍所の動向ははっきりとせず、成氏が鎌倉を離れて下総国古河（茨城県古河市）に移ったことなどから、解体・消滅したものと理解される。

なお侍所は、鎌倉公方が他国に滞在していた際には、そこで禁制《きんぜい》を発給するなど、鎌倉以外で職権を行使することもあったようだ。

（編集部）

『英雄百首』に描かれた千葉胤直◆兼胤の子。永享の乱では当初、公方持氏方に属した。のちに上杉方（幕府方）に転じ、幕府の命で鎌倉永安寺で蟄居していた持氏を討ち取った。結城合戦でも幕府軍の一員として活躍し、合戦後に出家して胤将に家督を譲った　当社蔵

千葉胤直の墓◆享徳の乱時、対立していた一族の康胤らの攻撃をうけ、拠点の一つだった多古庄内で子息宣胤とともに自害した。胤直の他、周辺には一族を供養する五輪塔７基が残されている　千葉県多古町・東禅寺

千葉氏略系図

常胤——（中略）——貞胤——氏胤——**満胤**

- **満胤**
  - **兼胤**
    - **胤直**
      - 胤将
      - 宣胤
    - 胤賢
      - 実胤
      - 自胤
  - 胤高
    - 胤親
      - 胤房
      - 胤善
  - 康胤
    - 胤持

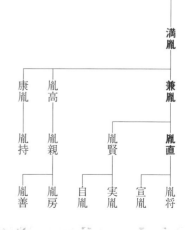

09 政所《まんどころ》——財務を担当し、儀礼でも活躍する

鎌倉府の政所は、財政面を担当し、直轄領などから納入されてきた年貢等の収入を分配・下行することを主な職務とした。

財務を掌るほかは、評定始《ひょうじょうはじめ》や吉書始《きっしょはじめ》など、鎌倉府の儀礼での活動が目立つ。とりわけ、饗応儀礼の垸《おう》飯《ばん》を毎年正月七日に担当しており、これは鎌倉府政所の特徴のひとつと評価されている。

さて、鎌倉幕府政所の責任者は別当《べっとう》と呼ばれたが、鎌倉府には別当が置かれず、執事と呼ばれた。鎌倉府成立直後の史料には混乱がみられるが、関東執事と政所執事を兼任した畠山国清のあと、康安元年（一三六一）に就任した二階堂《にかいどう》氏貞《うじさだ》以降は、鎌倉府の滅亡まで二階堂氏が執事をつとめている。

前代の鎌倉幕府でも政所別当のもとで二階堂氏が執事をつとめており、鎌倉府での執事就任は、家に蓄積された職務上の先例・故実《こじつ》が評価されたとみられる。室町幕府の政所執事も当初は二階堂氏がつとめていたことが、これを裏づける。

ところで、一見すると、二階堂氏が執事を〝世襲〟していたようにも見えるが、実際には二階堂氏一族が持ち回りで就任していたことが明らかにされている。だが、それぞれの系譜関係には不明な点も多い。京都の二階堂氏との関係復元も、今後の課題となっている。

（編集部）

二階堂氏略系図（ゴシックは鎌倉府政所執事経験者）

『足利満兼とその時代』（戎光祥出版、2015年）所収の木下聡論文をもとに作成

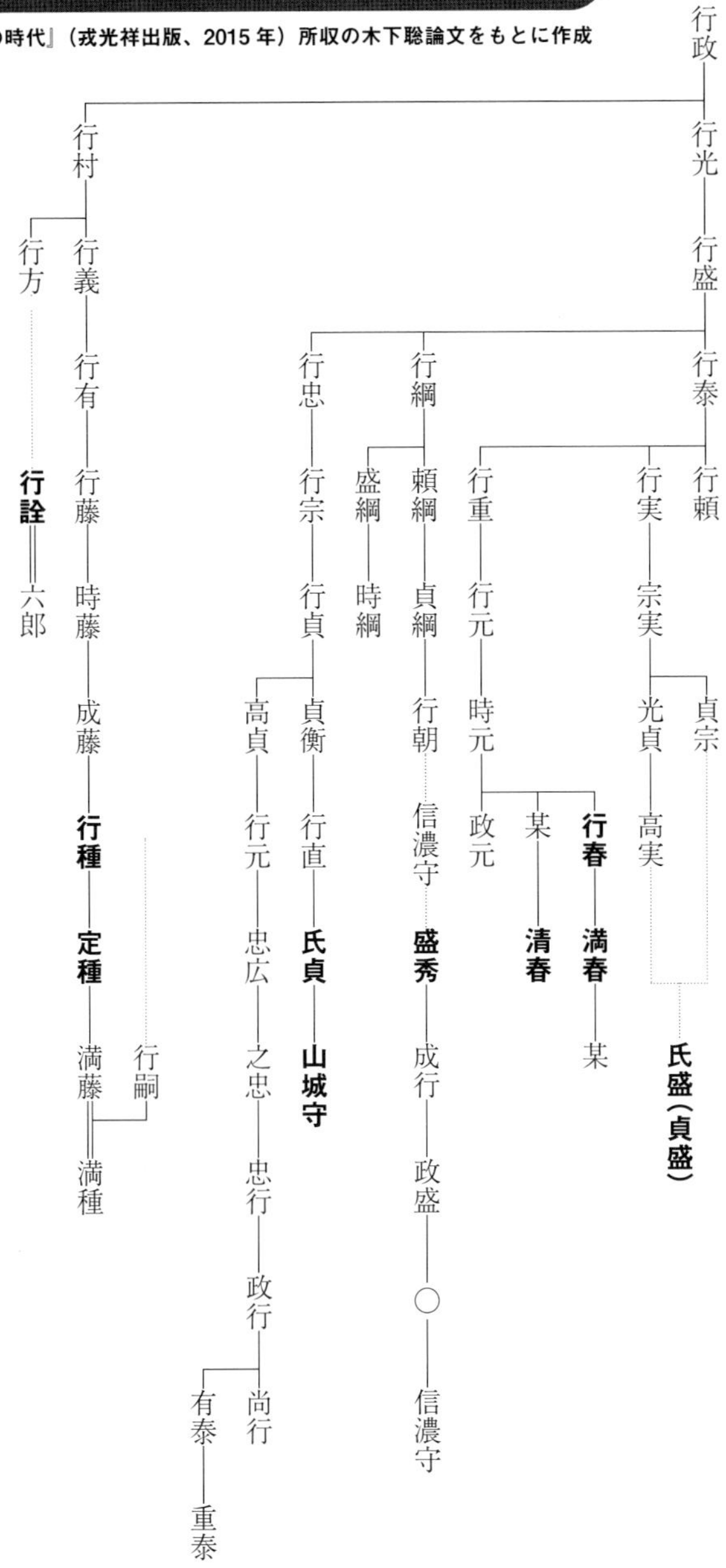

10 問注所《もんちゅうじょ》——訴訟・裁判の文書を管理する

かつて、鎌倉幕府の問注所は、訴訟事務を扱う機関であった。そもそも「問注」とは訴訟の当事者双方を審問し、その結果を記録することを意味する。

だが、室町幕府では訴訟制度が将軍・管領・引付《ひきつけ》・奉行人《ぶぎょうにん》を中心に担われたため、問注所の重要性は低下し、記録・文書の管理が主要業務になったとされる。鎌倉府の問注所も同様であろう。

責任者は執事と呼ばれた。当初は太田《おおた》氏が任じられ、時連《ときつら》・顕行《あきゆき》・長康《ながやす》の就任が確認される。太田氏は鎌倉幕府初代問注所執事・三善康信《みよしのぶやす》の子孫で、鎌倉時代から問注所執事を歴任していた。その経験を買われ、鎌倉府でも一族が任用されたのだろう。

なお、観応年間まで太田氏は京都を主要な活動場所としており、観応の擾乱で足利直義とともに鎌倉に下向したとされる。

太田氏の後、執事になったとされるのが町野浄善《まちのじょうぜん》である。町野氏は太田氏の同族で、太田長康《ながやす》が永和三年（一三七七）に上洛し、それと入れ替わるように町野氏が京都を離れ、鎌倉に下向したとみられている。だが、『鎌倉大日記《かまくらおおにっき》』にはこの時期、政所執事の二階堂氏が問注所を兼帯していたとあり、実態ははっきりしない。

その後、執事は町野浄善―康久《やすひさ》―満康《みつやす》と継承されたとみられる。また、室町幕府問注所の執事をつとめていた太田康雄《やすお》（長康の子）が、六代将軍足利義教の勘《かん》気《き》をうけて失脚すると、町野氏は康雄に代わって室町幕府の問注所に就任した。以後、鎌倉府・室町幕府ともに町野氏が問注所執事を占めることとなったと想定されている。

（編集部）

町野氏略系図

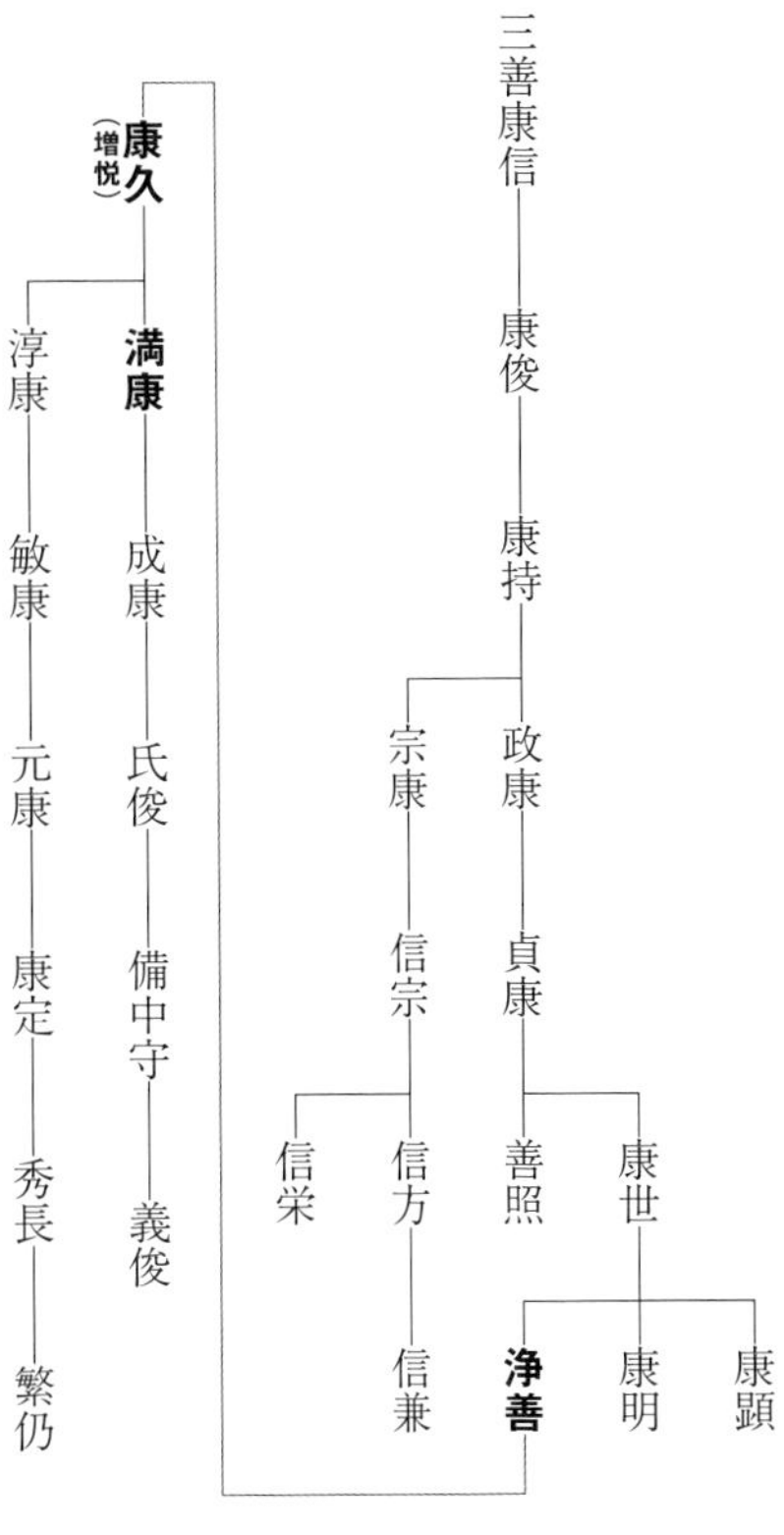

町野氏の家紋

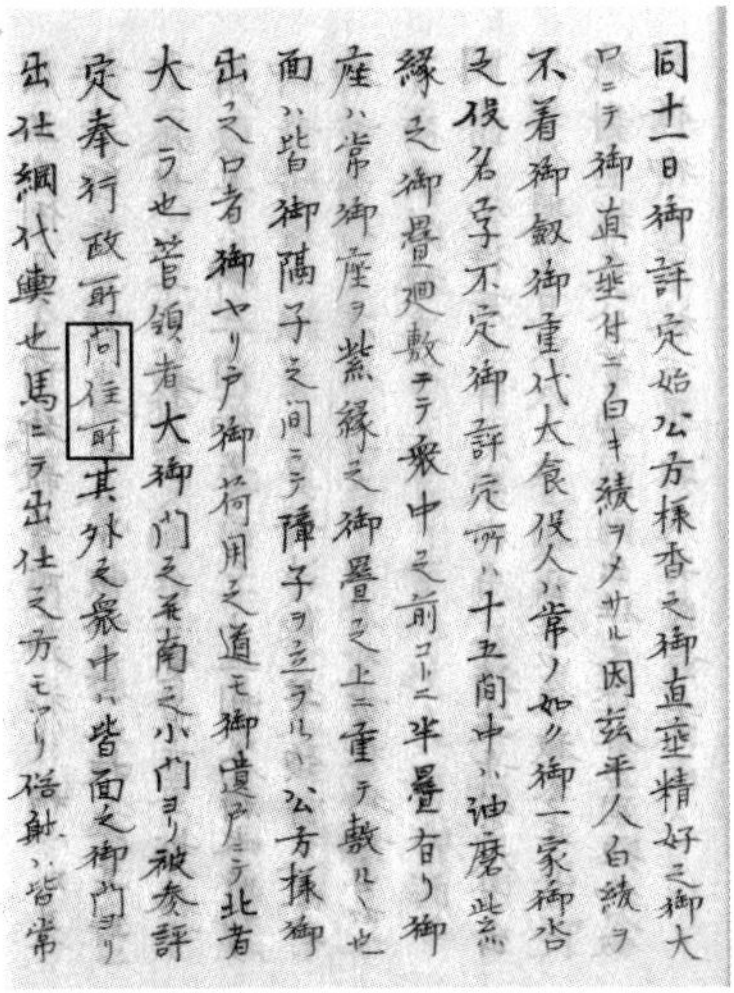

同十一日御評定始公方様香之御直垂精好之御大
口ニテ御直垂付ニ白キ練ヲメサル因茲平人白練ヲ
不着御斂御重代大食役人ハ常ノ如ク御一家御各
之役名字不定御評定所ハ十五間中ハ油磨紫
縁之御畳廻敷テ衆中之前ゴトニ半畳有リ御
座ハ常御座ヲ紫縁之御畳之上ニ重テ敷ル、也
面ハ皆御隔子之間ニテ障子ヲ立ラルハ公方様御
出之口者御ヤリ戸御荷用之道モ御遣戸ニテ北者
大ヘラ也管領者大御門之西南之小門ヨリ被参評
定奉行政所問住所其外之衆中ハ皆面之御門ヨリ
出仕綱代輿也馬ニテ出仕之方モアリ諸軸ハ皆常

『鎌倉年中行事』にみえる問注所◆正月11日の評定始の記事で、問住所（問注所）の出仕について書かれている　国立国会図書館蔵

問注所跡の碑◆鎌倉幕府の問注所が置かれていたとされる場所にある。鎌倉府の問注所もこのような場所をもうけ、訴訟・裁判に対応したと考えられている　神奈川県鎌倉市

11 評定衆《ひょうじょうしゅう》・引付衆《ひきつけしゅう》——前代からの遺制を引き継ぐ

鎌倉幕府では、評定衆は訴訟の審理・裁断を、引付衆は所領に関する裁判を担当するために設置された役職だった。

室町幕府では訴訟制度の変化により、両者の職務は有名無実化し、評定衆は身分として存続するのみとなり、引付衆は消滅した。なお、室町幕府の評定衆は、三代将軍足利義満期以降、摂津《せっつ》・二階堂・波多野《はたの》・問注所（六代義教期以降は町野氏）の四家に固定されていった。

一方、鎌倉府では、評定衆は評定始や評定会議に出席していたことが確認できる。また、引付衆も書札礼《しょさつれい》では評定衆の下位に位置づけられており、形骸化せずに一定の役割を担っていたとみなされている。

次に、それぞれの構成員をみていこう。現在のところ徴証がある評定衆は、扇谷上杉氏定《うじさだ》・佐竹義憲《よしのり》・桃《もも》井宣義《のいのぶよし》・清原将繁である。

また、現在のところ徴証がある引付衆は、長井道《ながいみち》広《ひろ》・同道供《みちとも》・二階堂清春《きよはる》・宅間《たくま》上杉能俊《よしとし》・桃井宣義で、引付頭人は評定衆でもあった可能性が高いとされている。

彼らの出自は、鎌倉幕府でも評定衆をつとめた長井・二階堂・清原のほか、足利一門の桃井氏、関東管領上杉氏の一族、常陸守護佐竹氏など、いずれも名門である。

なお、『鎌倉年中行事《かまくらねんちゅうぎょうじ》』によると、評定始の儀礼には、評定奉行・政所執事・問注所執事・御所奉行等も参加するとある。任命は、「評定御教書《ひょうじょうみぎょうしょ》」と呼ばれる鎌倉公方の文書によってなされた。

享徳の乱で足利成氏が鎌倉を離れ、鎌倉府が消滅したあとの様相は不明だが、成氏の子・政氏が下野の茂《もて》

木《ぎ》氏を評定衆・引付衆に任じようとしており、身分としては存続していたようだ。（編集部）

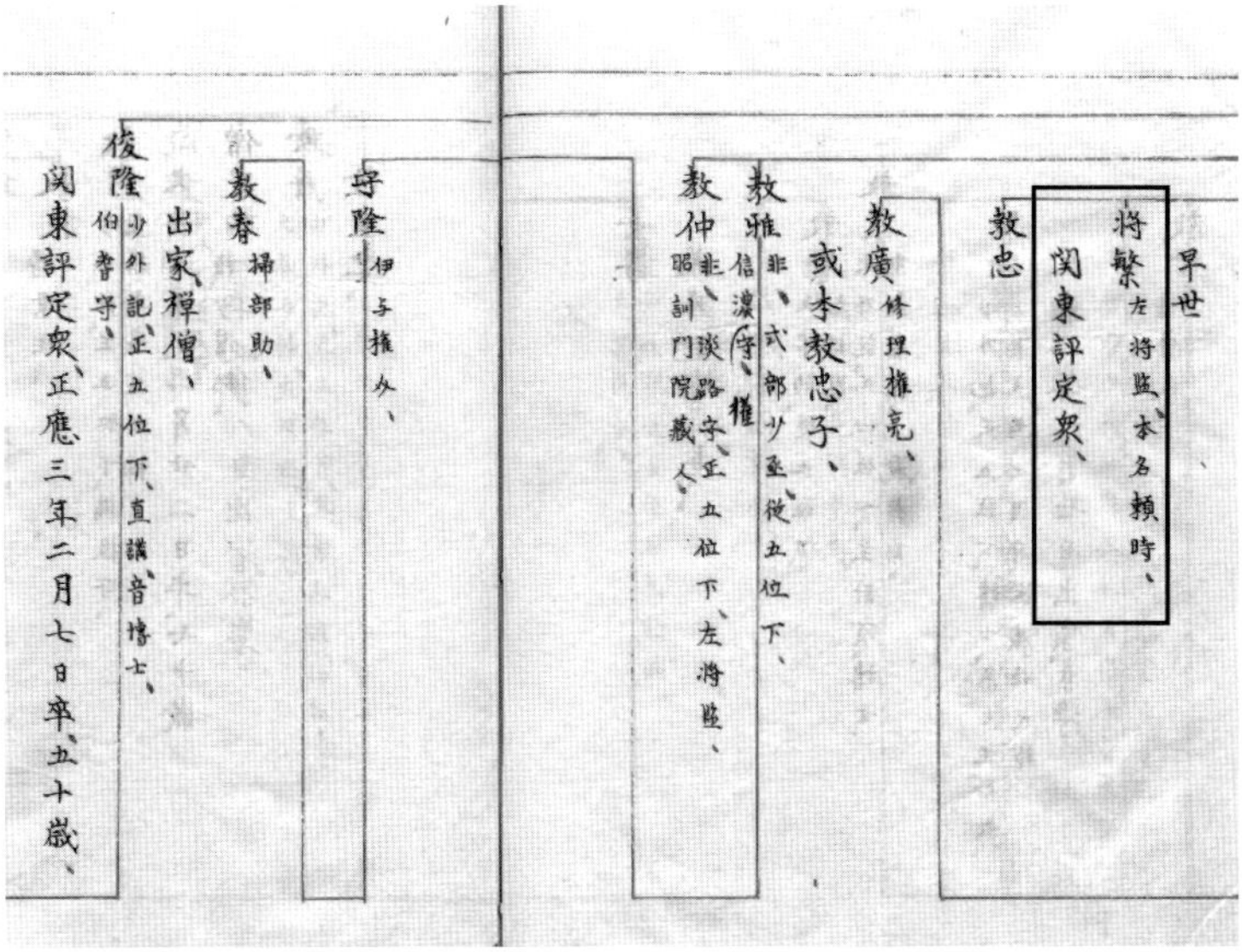

『続群書類従』清原系図◆四角で囲んだ箇所に将繁が「関東評定衆」とある　国立公文書館内閣文庫蔵

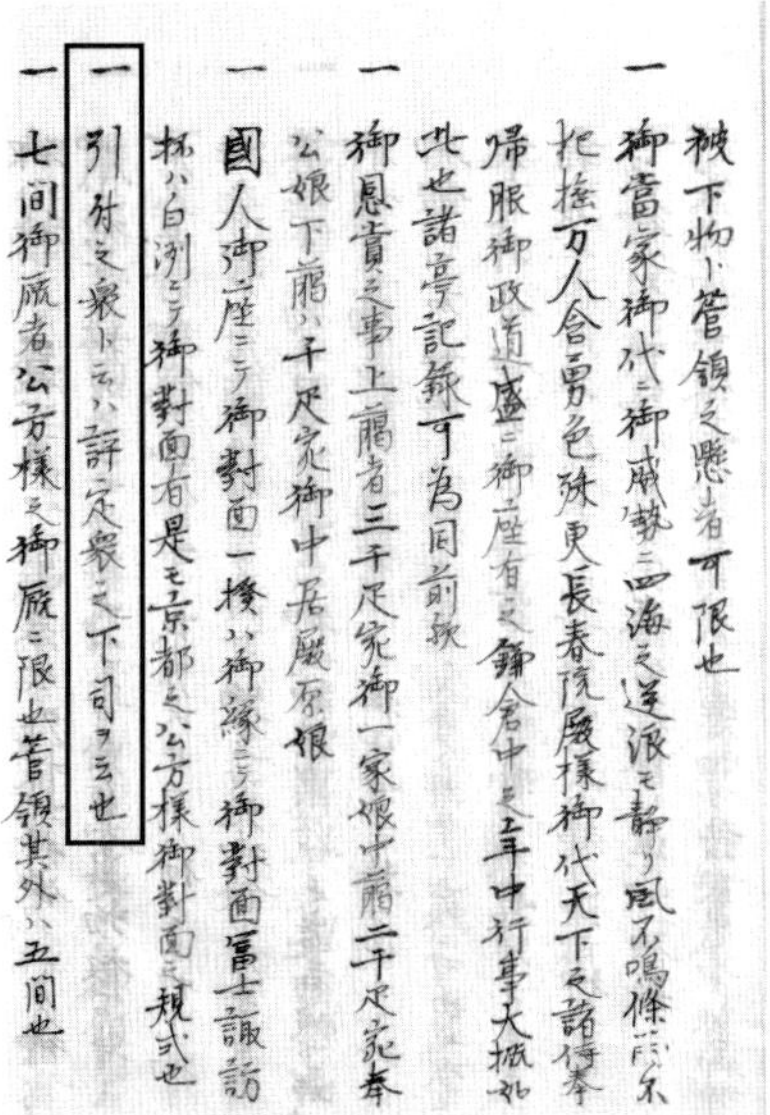

『鎌倉年中行事』にみえる引付衆◆引付衆は評定衆の下司と位置づけられている　国立国会図書館蔵

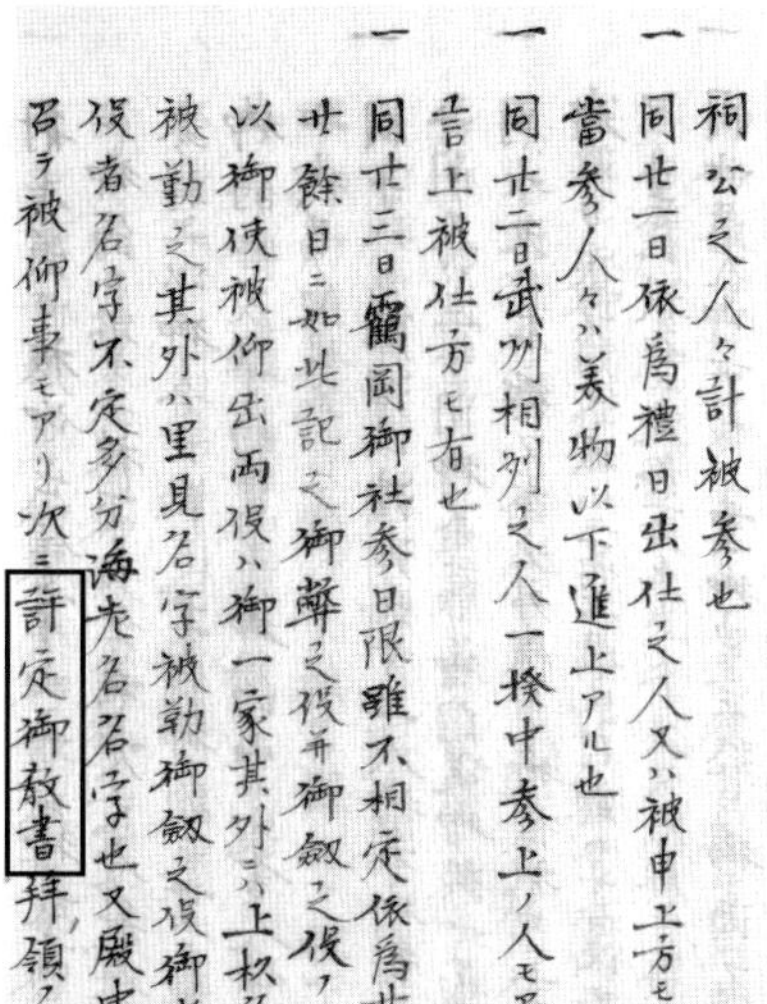

『鎌倉年中行事』にみえる評定御教書◆評定衆に任命する際に出された文書　国立国会図書館蔵

12 奉行人《ぶぎょうにん》――組織の基盤となり、複数の職をこなす

組織を支える吏僚《りりょう》層が、奉行人である。職務は、右筆《ゆうひつ》・訴訟の担当・奉書《ほうしょ》の発給・遵行の使節など多岐にわたる。このうち、使節遵行は奉行人の専掌ではなく、南北朝内乱の終息後は、守護や国人たちの手に移っていった。

南北朝期の鎌倉府では、奉行人として明石《あかし》・壱岐《いき》・雑賀《さいか》・清《しょう》・布施《ふせ》・皆吉《みなよし》・安富《やすとみ》・矢多田《やただ》・山名《やまな》・依田《よだ》氏らが確認されている。鎌倉幕府以来の吏僚層を中心に構成されていたが、室町幕府との人的交流が指摘されており、当初は流動的であったようだ。

軍事組織の性格が色濃かった南北朝期の鎌倉府は、吏僚組織を保持していなかったが、行政機能の拡充とともに奉行人も整備されていった。

構成員が固定化されるのは四代足利持氏期で、明石・壱岐・雑賀・清・布施・吉岡《よしおか》氏に限定された。その背景として、南北朝内乱による氏族の淘汰や、持氏期に鎌倉府の訴訟制度改革が進められた可能性が指摘されている。

奉行人層の経済基盤は、家領や、軍功として獲得した所領に加え、担当した訴人（訴訟を起こした人）らの口添で鎌倉府から所領を給付されることもあったとされる。それら所領の分布域は、武蔵・相模・下総・上総・安房と南関東に集中していたことも指摘されている。

成氏が五代公方に就任しても、奉行人たちは変わらず成氏のもとで職務を果たした。永享の乱を経ても奉行人たちが職務を遂行していることは、彼らの吏僚としての特性を伝えている。享徳の乱が勃発し、公方が鎌倉から古河に移ると、多くの奉行人も公方に従って古河に移っていった。

（編集部）

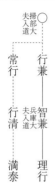

山名氏略系図

○掃部大夫入道
├ 行兼 ─ 智兼（兵庫大夫入道） ─ 理行
└ 常行 ┄ 行清 ┄ 満泰

清是清花押

壱岐希広花押

明石行実花押

雑賀前遠江守花押

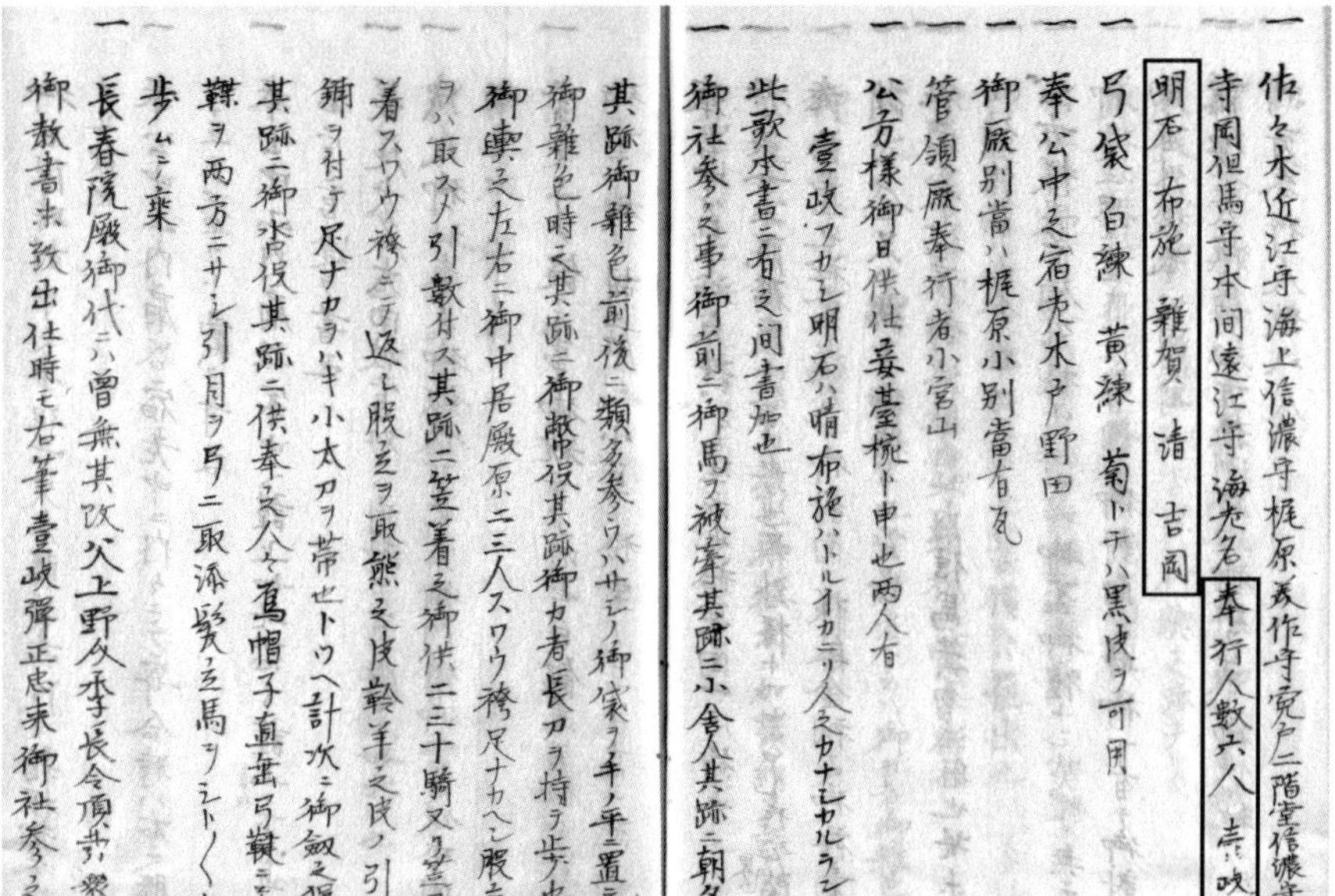
一佐々木近江守　海上信濃守　梶原美作守　宍戸二階堂信濃守
一寺岡但馬守　本間遠江守　海老名
奉行人数六人　壱岐
明石　布施　雑賀　清　吉岡
一弓袋　白練　黄練　菊トヂハ黒皮ヲ可用
一奉公中之宿老木戸　野田
一御厩別當ハ梶原　小別當有之
一管領厩奉行者小宮山
一公方様御日供仕妻基槐卜申也　両人有
壹岐ノカミ明石ハ晴布施ハトルイカニリノ人之カナ
一此歌本書ニ有之間書加也
一御社参之事　御前ニ御馬ヲ被牽　其跡ニ小舎人　其跡ニ朝夕
其跡御雑色前後ニ類多参ワハサレノ御沓ヲ手ノ平ニ置テ
一御雑色時之其跡ニ御幣役　其跡御力者長刀ヲ持テ歩也
御輿之左右ニ御中居厩原ニ三人スワウ袴尺ナカヘニ服之
ヲハ取スノ引敷付ス　其跡ニ笠着之御供ニ三十騎又ヲ笠ヲ
着スワウ袴ニテ返シ服之ヲ取熊之皮鞍手之皮ノ引
敷ヲ付テ尺ナカヲハキ小太刀ヲ帯也トウヘ計　次ニ御劔之役
其跡ニ御沓役　其跡ニ供奉之人々烏帽子直垂弓鞢ニテ
鞢ヲ両方ニサシ引目ヲ弓ニ取添騎之馬ヲミトノヘト
歩ムニ乗
一長春院殿御代ニハ曾無其沙汰以上野入季長令煩事衆
御教書未致出仕時モ右筆壹岐弾正忠来御社参之

『鎌倉年中行事』にみえる奉行人◆六人の奉行人として、明石・壱岐・雑賀・清・布施・吉岡の名がみえる　国立国会図書館蔵

13 奉公衆《ほうこうしゅう》──公方に直属し、軍事を担う

鎌倉府では公方直属の軍事力として、奉公衆が編成された。だが、史料の残存状況の問題もあり、編成過程は明らかにできない。

構成氏族は、七十家以上が確認されている。出自をみると、①足利氏一門、②足利氏の根本被官、③鎌倉幕府官僚出身者、④東国の国人、の四つに分類でき、当初の奉公衆は①〜③の人びと、とりわけ②足利氏の根本被官層が中心だったとみられている。

また、④東国の国人は、南北朝内乱、鎌倉府権力の伸展にともなって個別に把握・編成されていき、三代足利満兼の時期には、彼らが奉公衆の中心を担うようになったと指摘されている。なお、奉公衆は東国各地で検出されており、地域的な偏りはみられない。

彼らは東国各地に拠点を有していたため、これら国人層の取り込みは、公方の軍事基盤を強化するとともに、上杉氏や守護・大名層の勢力伸長に対して、くさびを打ち込む効果があったと理解されている。

なお、応永二十三年（一四一六）の上杉禅秀の乱ごろの奉公衆は約五百人であったが、専制を志向する公方持氏は、禅秀の乱後に奉公衆の拡充を図ったという。一方、室町幕府の奉公衆は五千〜一万人とも目されており、幕府の奉公衆に比べると、鎌倉府奉公衆の規模は小さい。

彼らは戦事には軍事力として動員され、平時は使節遵行にも起用された。しかし鎌倉府には、室町幕府の『永享以来御番帳《えいきょういらいごばんちょう》』や『文安年中御番帳《ぶんあんねんちゅうごばんちょう》』のような番帳は残っていない。

永享の乱で足利持氏が自害したのち、足利安王丸《あんおうまる》・春王丸《しゅんおうまる》らが結城氏朝《ゆうきうじとも》らとともに結城城（茨城県結城市）に立て籠もると、奉公衆の一部はともに籠城したり、

各地で挙兵したりしている。また享徳の乱が勃発し、公方成氏が古河に移ると、奉公衆たちの多くも成氏に従い、成氏の重要な軍事力となった。

（編集部）

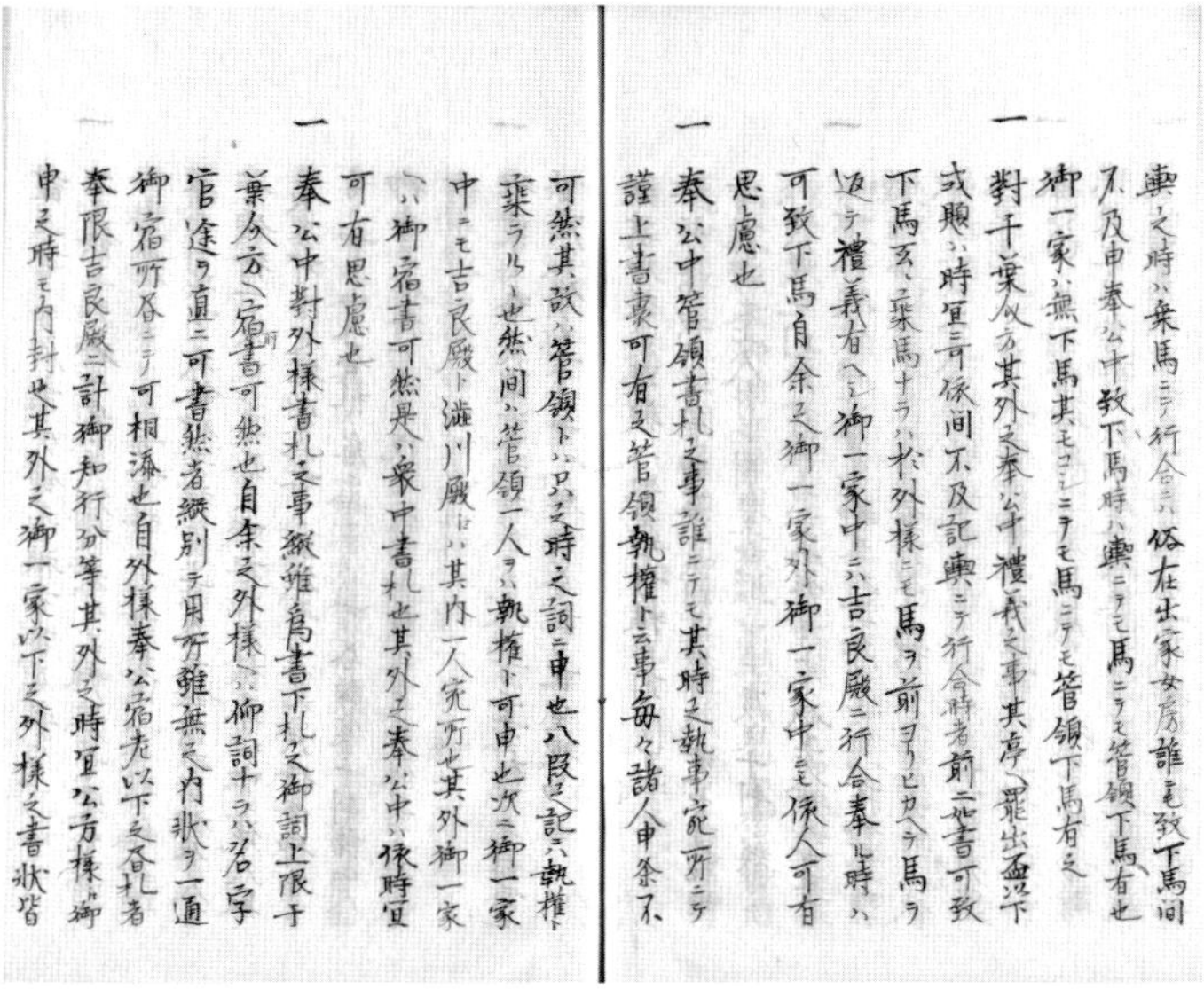
輿之時ハ乗馬ニテ行合ニハ俗在出家女房誰モ致下馬間
不及申奉公中致下馬時ハ輿ニテモ馬ニテモ管領下馬有也
御一家ハ無下馬其モコレニテモ馬ニテモ管領下馬有之
一　對千葉介方其外之奉公中禮儀之事其亭ヘ罷出盃以下
式躰ハ時宜ニ寄候間不及記輿ニテ行合時者前ニ如書可致
下馬乗馬ナラハ於外様ニモ馬ヲ前ヨリヒカヘテ馬ヲ
一　返テ禮義有ヘシ御一家中ニハ吉良殿ニ行合奉ル時ハ
可致下馬自余之御一家外御一家中ニモ依人可有
思慮也
一　奉公中管領書札之事誰ニテモ其時之執事究所ニテ
謹上書裏可有之管領執権ト云事毎々諸人申条不
可然其故ハ管領トハ只公方之時之詞ニ申也八段ニ記ハ執権ト
乗ラル也然間ハ管領一人ヲハ執権ト可申也次ニ御一家
中ニモ吉良殿ト澁川殿トハ其内一人究所也其外御一家
ヘハ御宿書可然是ハ衆中書札也其外之奉公中ハ依時宜
可有思慮也
一　奉公中對外様書札之事縦雖爲書下札之御詞上限千
葉介方ヘ宿所書可然也自余之外様ヘハ御詞ナラハ名字
官途ヲ直ニ可書然者縦別テ用所雖無之内状ヲ一通
御宿所各ニテ可相添也自外様奉公宿老以下之谷札者
一　奉限吉良殿ニ計御知行分等其外之時宜公方様ノ御
申之時モ内封也其外之御一家以下之外様之書状皆

『鎌倉年中行事』にみえる奉公中◆奉公衆と奉行人を含めたものが奉公中といわれている。ここでは奉公中の書札礼について書かれている　国立国会図書館蔵

簗田氏墓所◆足利氏の根本被官で、公方が古河へ移った後も付き従った。公方成氏の近習で水海城主としても活躍した簗田持助の菩提寺・安禅寺境内にある　茨城県古河市

油壺湾◆関東の雄族・三浦氏の拠点である新井城跡があった場所。永享の乱の際、三浦氏は鎌倉の警固を担ったことでも知られる　神奈川県三浦市

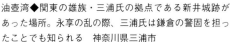

コラム

武蔵・上野を地盤とする白旗一揆《しらはたいっき》

鎌倉公方のもとには、平《へい》一揆や白旗一揆など、中小武士団の結合である「一揆」が編成され、直属の軍事力として機能した。このうち、平一揆は第3部で触れるので、ここでは白旗一揆をみてみよう。

白旗一揆は、金子《かねこ》・別府《べっぷ》・安保《あぼ》・高麗《こま》など、鎌倉期には武蔵七党《むさししちとう》と呼ばれた一族を中心に構成され、上野国の勢力も含まれていた。彼らは鎌倉期からお互いにつながりをもっており、それをもとに党的結合（一揆）を結んだのである。もともと相互扶助的な地縁的関係が基軸にあったが、足利氏の執事・高氏により軍事的に編成され、南北朝内乱の展開のなかで政治的性格を帯びていった。

高氏が観応の擾乱で没落すると、白旗一揆を軍事力として利用したのが足利尊氏で、最終的に足利直義を下した薩埵山合戦に従軍させたほか、歴代鎌倉公方も、畠山国清の乱・岩殿山合戦・小山義政の乱などに軍事動員し、「傭兵《ようへい》」的に活動させていたことが明らかにされている。

だが、白旗一揆はやがて上州《じょうしゅう》一揆と武州《ぶしゅう》一揆（のち、さらに北《きた》一揆と南《みなみ》一揆）に分裂し、結合のあり方を変化させつつ、自律性を高めていった。また、鎌倉公方と上杉氏の対立が顕在化し、両者がそれぞれ白旗一揆の掌握をめざすと、難しい立場にたたされた。その後の動向は不明な点も多いが、最終的には上杉氏の被官に編成されていったようだ。

（編集部）

金子一族の墓◆金子氏は武蔵七党の村山党に属する一族で、入間郡金子周辺の領主であった。室町期以降は山内上杉氏の被官として活動している　埼玉県入間市・瑞泉院境内

第2部　基本となった政策・制度

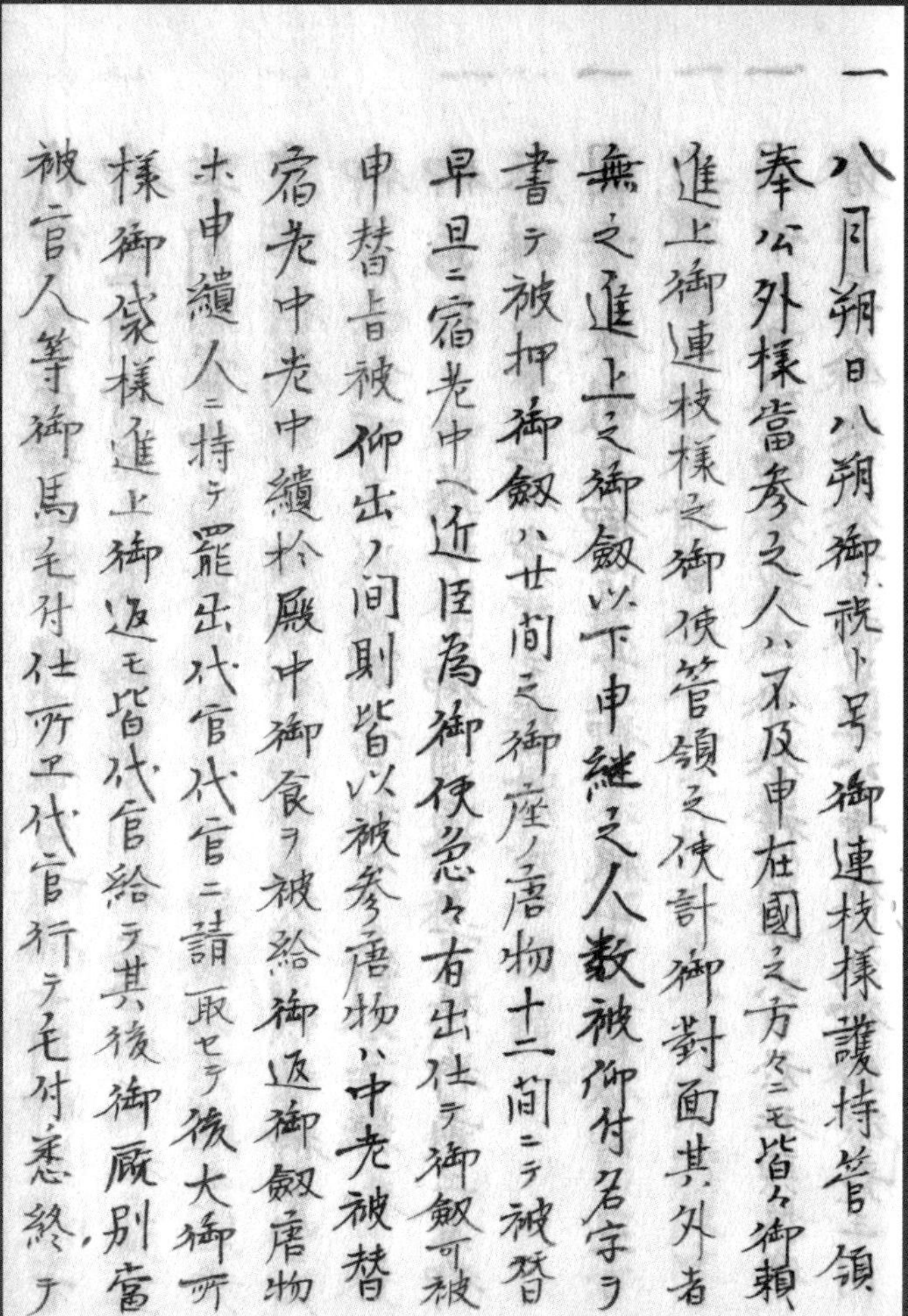
一　八月朔日八朔御祝ト号御連枝様護持管領
奉公外様当参之人ハ不及申在国之方々ニモ皆々御頼
進上御連枝様之御使管領之使計御対面其外者
無之進上之御劔以下申継之人数被仰付名字ヲ
書テ被押御劔ハ廿間之御座ノ唐物十二間ニテ被替
早旦ニ宿老中〈近臣為御使急々有出仕テ御劔可被
申替旨被仰出ノ間則皆以被参ノ唐物ハ中老被替
宿老中老中纔於殿中御食ヲ被給御返御劔唐物
米申纔人ニ持テ罷出代官代官ニ請取セテ後大御所
様御臺様進上御返モ皆代官給テ其後御厩別当
被官人等御馬毛付仕所ヱ代官行テモ付悉終テ

『鎌倉年中行事』◆八月朔日の儀礼の記事。『鎌倉年中行事』は鎌倉府の儀礼や機構などを知るうえで不可欠な史料である　国立国会図書館蔵

01 室町幕府との関係——対立と融和の歴史

鎌倉公方の地位は、足利将軍による補任ではなく、元服儀礼をつうじた足利将軍家の一員であるという関係確認のみで成立していた。鎌倉公方の存立は、そうした承認という行為のみに拠っていたのである。これは、鎌倉公方の将軍職に対する潜在意識や、鎌倉府と室町幕府の関係をみるときに重要な意味をもつ。

鎌倉府と室町幕府の関係史は、永享の乱にいたる対立の歴史でもあった。それは、室町時代史をつらぬく懸案事項であったともいえる。

鎌倉府と室町幕府の緊張関係が顕然化したのは、康暦元年（一三七九）、康暦の政変のときである。京都で管領細川頼之が失脚したさい、二代鎌倉公方足利氏満がこれへの介入を試みたのである。

このとき上杉憲春が自害したことが、さまざまな憶測を呼ぶこととなった。上杉憲春の自害は諫死と理解され、足利氏満の野心が取沙汰されたのである。氏満は、京都に告文《こうもん》（起請文《きしょうもん》）を送って詫びたとされる。京都では、足利氏満と面識のあった義堂周信《ぎどうしゅうしん》が、足利義満に流言を信じないよう進言したことも知られる。この時代は、両者のあいだを取り持つ人材にも恵まれていたのである。

三代足利満兼は、鎌倉公方を継承してまもない応永六年（一三九九）、大内義弘が和泉国堺（大阪府堺市）において足利義満に反旗を翻した応永の乱に呼応した。これは、足利満兼が鎌倉を出て武蔵国府中（東京都府中市）に移座したことから明らかである。武蔵国府中は、鎌倉公方が軍勢催促をかけたとき、東国武家の集合場所となる象徴的な場所だったからである。

満兼は、今川了俊《いまがわりょうしゅん》の仲介によって大内義弘と結びついたという。義弘は、義満を将軍職から除いた後、

木造足利義満坐像◆室町幕府第３代将軍で、幕府権力を確立したことで知られる。坐像は鹿苑寺金閣の所蔵であったが、昭和25年７月２日の金閣全焼により、他の宝物とともに焼失した

大内義弘画像◆室町幕府に従い、数々の功績を立てて周防・長門・石見・豊前・和泉・紀伊の守護を務めた。しかし、幕府との間に亀裂が生じ、反乱を起こした。その際、満兼は義弘に同調する動きをみせ、幕府との関係が悪化した　山口県立山口博物館蔵

満兼を将軍に擁立する構想だったとされる。しかし義弘が敗北すると、満兼は伊豆三嶋大社に願文《がんもん》をおさめるという形式で、事態の収拾をはかった。これは、伊豆守護である山内上杉憲定《のりさだ》の画策とみられている。

四代足利持氏のとき、足利義教が籤《くじ》引きによって六代将軍に就任した。持氏は、正長から永享への改元を拒むなど、室町幕府への対抗心を露わにしてゆく。鎌倉府と室町幕府は、ともに北関東や南奥州での地域紛争へ積極的に介入したが、永享三年（一四三一）七月、ひとたび和平協定を結んだ。

ところが、鎌倉府中枢にあって室町幕府との関係を調整してきた関東管領上杉憲実が、永享十年、ついに足利持氏と決別する。室町幕府は、憲実を援助するために軍勢を東国へ派遣した。いわゆる永享の乱である。持氏は、翌年二月に鎌倉永安寺で自害した。

さらに嘉吉元年（一四四一）、持氏の子息である足利安王丸《あんおうまる》・春王丸《しゅんおうまる》らが、下総国結城（茨城県結城市）にて結城氏朝《うじとも》とともに蜂起した。これは結城合戦と呼称されている。

鎌倉府は、足利持氏の敗死によってひとたび崩壊した。しかし室町幕府は、鎌倉府を再興させた。室町幕府は、東国社会の統制には鎌倉府という統治機関が必要と考えていたのである。しかし、五代足利成氏は享徳三年（一四五四）、関東管領上杉憲忠を殺害した。これによって東国では、山内上杉氏・扇谷上杉氏らを中心とする上杉勢と足利成氏勢との武力抗争がはじまった。享徳の乱である。

成氏は、鎌倉から下総国古河（茨城県古河市）に拠点を移して抗戦し、父持氏と同様、改元を拒否して享徳年号を使用しつづけた。これに対して室町幕府は、将軍足利義政の庶兄足利政知を新鎌倉公方とすべく、東国へ下向させた。しかし政知は、鎌倉ではなく伊豆国堀越（静岡県伊豆の国市）に定住しつづけた。

これが解消されたのは、文明十四年（一四八二）である。足利成氏と足利義政のあいだで和睦の締結がなされたからである。いわゆる「都鄙和睦」である。これ以降、室町幕府が東国社会に対して大規模に関わりをもつことはなくなっていった。

（杉山）

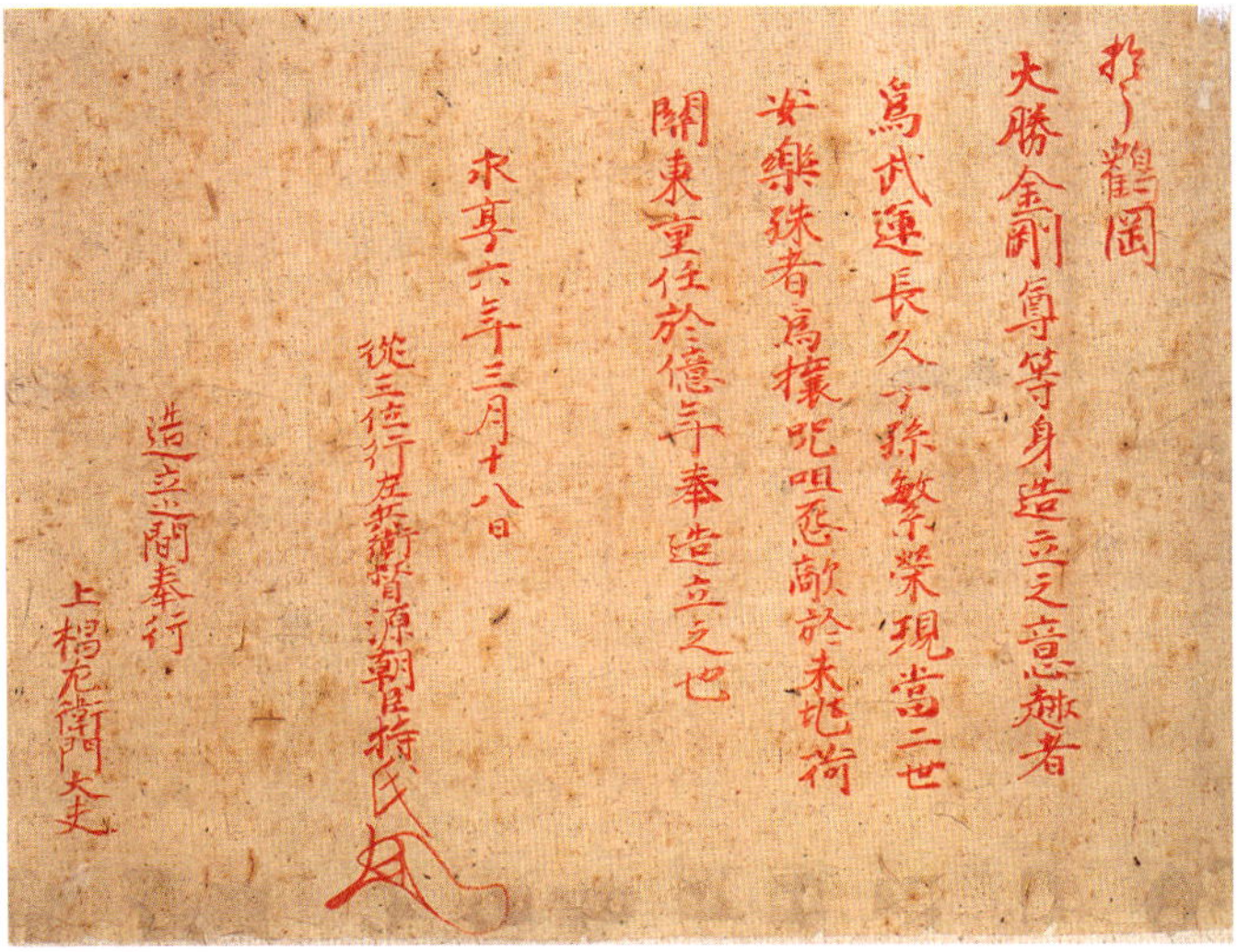

足利持氏血書願文◆永享6年3月18日付けで鶴岡八幡宮に奉納されたもので、血を混ぜて書かれたという。文中に「呪詛怨敵」と記されており、これは対立していた6代将軍足利義教を指すと理解されている　神奈川県鎌倉市・鶴岡八幡宮蔵

伝足利持氏供養塔◆塔身の四方に彫られた鳥居は永享の乱で敗死した持氏の怒りを鎮めるために彫られたともされるが、全体の型式は古く、持氏の時代とは合わない。別願寺は足利氏の菩提寺ともいわれており、仮託されたものか　神奈川県鎌倉市・別願寺境内

足利義教画像◆永享の乱で持氏・義久父子が自害すると、義教は新たな鎌倉公方として自らの子・義永を送り込もうとした。しかし、義教が嘉吉の乱で横死したこともあり、この計画は幻のものとなった　東京大学史料編纂所蔵模写

02 管轄国《かんかつこく》の変遷《へんせん》――〝国堺〟を形成する

まず、鎌倉府が管轄した地域的範囲の基本を押さえておくと、鎌倉府が成立した当初の建武五年（一三三八）段階では、伊豆・相模・上総・下総・上野・下野・安房・常陸の八ヶ国が管轄下に置かれていた。その翌年に武蔵・甲斐の二ヶ国が加えられ、この十ヶ国が管轄範囲の基本となった。また、明徳二年（一三九一）からは陸奥・出羽が管轄下に入っている。

ここで注目したいのは、南北朝時代には鎌倉府が管轄する範囲は固定的なものではなかったということである。前述の十ヶ国に加えて、実はその周辺部にあたる信濃・越後や駿河も鎌倉府が管轄したり、影響力を及ぼしたりする時期があったのである。

信濃が鎌倉府の管轄となった時期は、①暦応二年（一三三九）～康永三年（一三四四）頃・②観応二年（一三五一）四月前後・③文和元年（一三五二）～二年七月（ただし、この時期は尊氏が鎌倉にあって遠江や陸奥までも管轄する特殊な時期であった）・④貞治元年（一三六二）以前～応安三年（一三七〇）が史料上確認できる。越後は尊氏が鎌倉にいた時期を含む文和元年～貞治二年に鎌倉府の管轄下に入っている。

駿河については、応安年間頃まで鎌倉府が駿東郡佐野郷に支配を及ぼしていた事実が注目される。また、駿河は、前述した尊氏が鎌倉にいた文和元年～二年七月という特殊な時期のみではあるが、鎌倉府の管轄下に置かれたこともあった。

このような措置がとられた背景として、いずれの時期も、東国の政治・軍事情勢の不安定化という事態が生じている点がまずは重要である。信濃についてみるならば、①は常陸を拠点とする東国の南朝勢力と鎌倉府との戦闘が激化していた時期、②は観応の擾乱が展開した時期、③は擾乱後、尊氏党による新たな東国統治体制が築かれた時期、④は南朝方勢力の東国での活動が活発化していた時期にあたる。とくに④の時期には、新田氏をはじめとする南朝勢力が勢力を盛り返し、信濃を拠点に活動していた。

　越後が鎌倉府管轄となった時期についても、越後で旧直義党勢力が南朝勢力と結んで抵抗運動を展開していたことが指摘されている。

　以上のことから、南北朝時代における管轄権の移動は、第一義的には東国の政治情勢の不安定化や、南朝勢力の討伐という軍事的要請に対応するためのものであったと考えられる。駿河の駿東郡佐野郷に対して鎌倉府が支配を及ぼしたことについては、駿東郡が鎌倉府管轄国の甲斐・相模・伊豆に囲まれるような位置にあったことが、その背景として考えられるだろう。

　このような信濃・越後・駿河の性格は、当該地域が鎌倉におかれた幕府を守る「関東の外壁《がいへき》」として位置づけられていた、鎌倉時代以来のものである。そのため、南北朝内乱が終息し、鎌倉府が統治組織として「自立」する応永年間の初め頃までには、これらの地域は京都（幕府）側の管轄国として明確化され、両府間の「国界《くにざかい》」として認識されるようになっていく。

　さらにその後、両府間に対立が生じるようになると、幕府は守護支配の強化や、有力国人の直属化という手段を講じて、「国界」地域を対鎌倉府の軍事的包囲網として位置づけていくのである。（花岡）

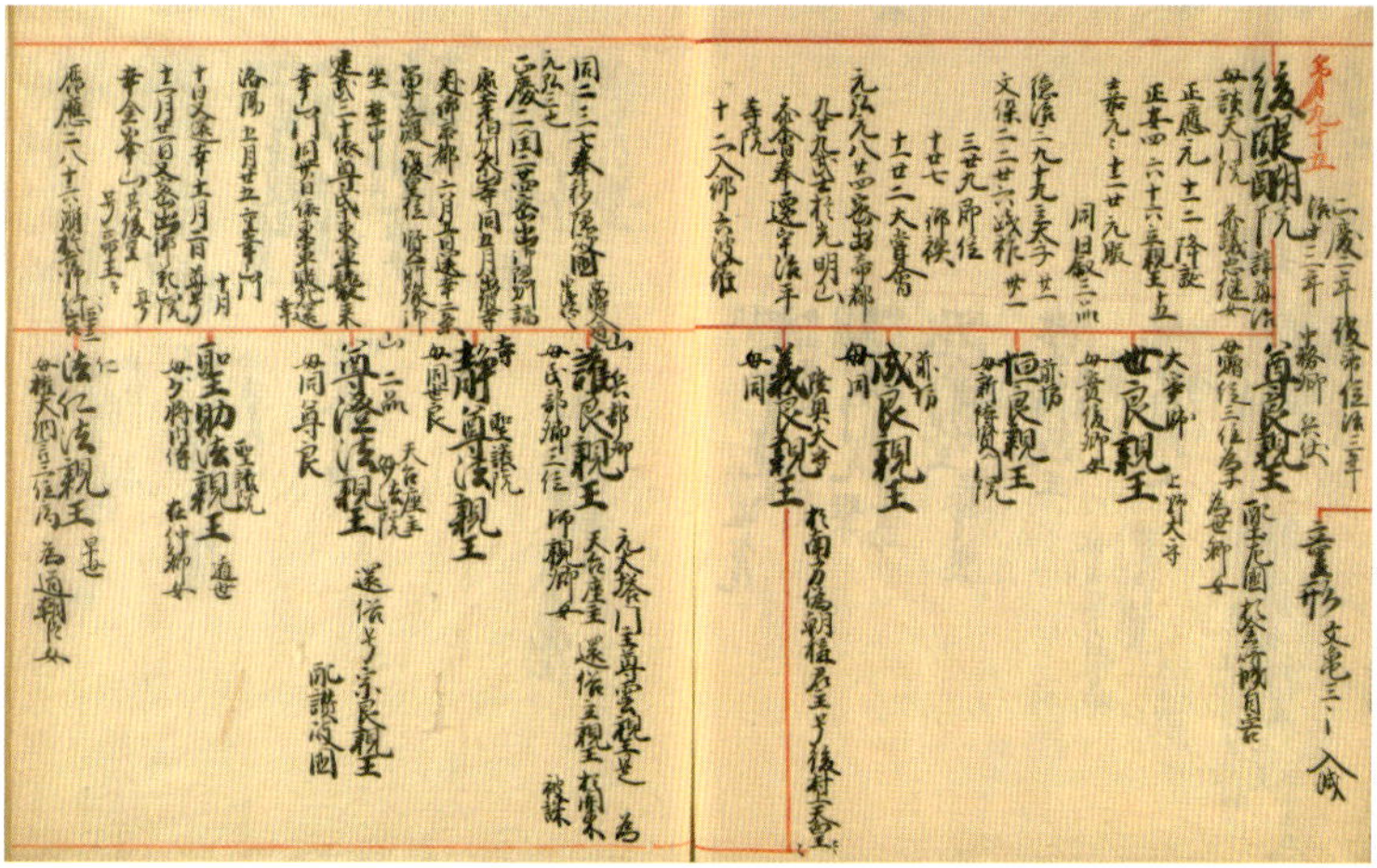

『本朝皇胤紹運録』に記された後醍醐の皇子たち◆宗良は、はじめ妙法院門跡に入って尊澄法親王と呼ばれ、比叡山延暦寺の天台座主に就任した。しかし建武政権が崩壊し、南北朝の対立が激しくなると還俗し、宗良親王となった　国立国会図書館蔵

南朝勢力が拠った大宝城の土塁跡◆南朝勢力の動きによって鎌倉府の管轄国も増減した　茨城県下妻市

『前賢故実』に描かれた宗良親王◆南北朝の対立が激化すると東国に下向した。南朝方の旗手として新田氏らと結びつき、信濃を中心にたびたび蜂起するなど、鎌倉府を悩ませた。和歌にも堪能で、各地に歌碑が建てられている　国立国会図書館蔵

コラム

江戸《えど》時代《じだい》につくられた〝関東八屋形《かんとうはちやかた》〟

〝三代鎌倉公方足利満兼は、東国の伝統的雄族八氏に対して屋形号《やかたごう》と朱色采配《しゅいろさいはい》の使用を免許した〟との逸話がある。

このような俗説が生まれた社会背景として、室町期の東国社会では、守護権が一国単位で機能しない場合があったことがある。東国守護は、鎌倉期以来の伝統的雄族が築いた私的支配網には容易に関与できなかったからである。

関東八屋形なる俗説が一般に受け入れられた理由はそこにあった。しかし、関東八屋形なるものが室町時代に実在したことを示す史料は存在しない。いずれも近世の由緒書《ゆいしょがき》や軍記物《ぐんきもの》、家譜《かふ》・系図類にしか見られないものである。また、内容も不正確であることが多く、江戸時代になってから作成されたものとみなされる。

そして関東八屋形は、諸書によって掲げる構成者が異なる。さらに千葉・小山・佐竹・結城・宇都宮・小田・那須・長沼・里見・大掾など、八家以上が想定されており、八屋形を標榜しながら「八」という数字にさえ揺らぎがある。

江戸時代には、数字を冠した身分格式を創作・造語することが多かった。関東八屋形もそうした類のものであろう。関東八屋形なるものは近世の俗説であり、これを学術的に用いることには重大な疑義がある。

室町期の東国社会では、鎌倉期以来の伝統的雄族の政治的役割は大きく、その枠組みを認識すること自体には意味がある。しかし、鎌倉府の身分格式として関東八屋形は存在しない。これらの諸氏は、鎌倉府の主要儀礼を著した『鎌倉年中行事』では「外様《とざま》」とあわされている。

関東八屋形をめぐる問題は、江戸時代から遡及させる方法・思考の限界と、室町時代それ自体を理解する姿勢の重要性を示す典型的な事例である。

（杉山）

03

薩《さっ》埵《た》山《やま》体《たい》制《せい》——過渡期の鎌倉府

観応の擾乱後、鎌倉府はしばらくの間、足利尊氏派の東国武家たちによって主導された。その時期の鎌倉府のあり方は、とくに薩埵山体制との学術用語で呼称されている。

用語の由来は、観応の擾乱の末期、足利直義を追って鎌倉に向かう尊氏の軍勢が、伊豆国に軍陣をかまえた足利直義勢と対峙し、最終的に優位を決定づけた駿河国薩埵山（静岡市清水区）での合戦にある。これによって上杉氏ら直義派の東国武家は、ひとたび政治的に逼塞を余儀なくされたのであった。

薩埵山体制は、畠山国清・河越《かわごえ》直重・宇都宮氏綱《うじつな》の三人の尊氏派の東国武家が主導していた。

畠山国清は、足利尊氏が京都へ戻った後、尊氏の子息足利基氏のもとで関東執事をつとめ、あわせて武蔵・伊豆守護も兼帯した。畠山氏は、足利氏一門にして秩《ちち》父平氏《ぶへいし》の継承者でもあった。また、畠山国清の妹は足利基氏の室であり、国清は基氏の義兄として薩埵山体制を主導したのである。

河越直重は、武蔵武士の名族出身にして、平一揆を主導する人物のひとりであった。薩埵山体制では、相模守護をつとめた。平一揆は、東国社会において平姓を自認する中小武士の広域的一揆である。この集団は、足利尊氏の直轄軍に編成されることで、その権益の維持・回復・拡大をはかったのである。

宇都宮氏綱は、下野国の伝統的雄族の当主である。はやくから尊氏派であったことが知られる。そして、尊氏勢が薩埵山合戦に勝利したのは、宇都宮氏綱のはたらきによると軍記物では描かれている。薩埵山体制では上野・越後守護をつとめた。

薩埵山体制が注目される理由のひとつは、鎌倉公方足利基氏が、鎌倉の地を離れ、武蔵国入間川（埼玉県狭山市）に長期在陣したことにある。それは文和元年（一三五二）から貞治元年（一三六二）まで約十年におよんだ。

入間川在陣中の足利基氏の警固は、平一揆が主導していた。とくに、高坂氏重《たかさかうじしげ》を中心とした侍所がこれを担ったとされる。高坂氏は、武蔵国高坂（埼玉県東松山市）を本拠とする武蔵武士で、秩父平氏として平一揆の主要構成員でもあった。

薩埵山体制下の鎌倉府中枢は、尊氏派の東国武家で占められていた。しかし、東国武家には足利氏一門、足利氏被官、一般の東国武家など、さまざまな属性をもつ者がいる。それら東国武家の調整機能をしだいに失った薩埵山体制は、畠山国清が主導した東国武家の畿内出兵を契機として崩壊した。

まず、足利基氏の存命時、はやくも畠山国清が脱落した（畠山国清の乱）。さらに鎌倉公方が二代足利氏満に代替わりすると、河越直重・平一揆と宇都宮氏綱も軍事圧力をうけ、鎌倉府中枢から排除されたのである（河越合戦、宇都宮氏綱の乱）。

鎌倉府はその後、移行期をへて関東管領上杉氏を中心とした新たな政治体制を築いてゆく。いわゆる「鎌倉公方足利氏―関東管領上杉氏」体制は、薩埵山体制の崩壊後に形成されたものなのである。

鎌倉府のたどった歴史は、単純なものではない。そうした鎌倉府の変遷をみるうえで、過渡期の薩埵山体制は重要な意味をもっている。

（杉山）

守護変遷表

年／出来事	越後	上野	武蔵	相模	伊豆
観応二年（一三五一）観応の擾乱　上杉氏の没落	上杉憲顕→**宇都宮氏綱**	上杉憲顕→**宇都宮氏綱**	高師直→上杉憲顕→仁木頼章	三浦高通→**河越直重**	高氏→石塔義房→**畠山国清**
貞治元年（一三六二）畠山国清の追放	→	→	**畠山国清**‥‥	→	高坂氏重
貞治二年（一三六三）上杉氏の関東復帰　宇都宮氏の阻止行動	上杉憲顕	上杉憲顕	上杉憲顕	三浦高通→三浦高連	→
応安元年（一三六八）宇都宮氏と平一揆の反乱	→	→	→	→	上杉憲顕→

04 軍事制度《ぐんじせいど》――複雑をきわめた戦功の認定過程

鎌倉府はどのような軍事制度を設けていたのだろうか。軍事行動を要する事象が発生してから終結するまでを追いながら確認してみよう。

合戦が起きると、まずは大将が選定される。大将に選定されるのは、多くの場合、関東管領を含んだ上杉氏か、里見氏や一色《いっしき》氏などの公方の有力直臣である。選考基準は不明確だが、実際に出陣可能であることの他、合戦対象と係争中であるとか、戦地付近に所領があり、兵糧の調達が容易であるなどの背景があろう。

大将は軍団を率いて戦略を練り、軍功認定にも関わるので、その力は大きかった。なお、侍所所司が軍事指揮官として行動していた事例はあるが、所司であることを理由に大将となった事例は見いだせない。

次に、鎌倉府管内の武士に鎌倉公方（または公方の命令を受けた守護や当主）から「軍勢催促状《ぐんぜいさいそくじょう》」が出され、軍事動員がかかる。常に全員に催促が行われたわけではなく、動員を受けても実際に着陣しない場合もあったようだ。また、全員が戦地に赴くわけでもなく、相模の波多野《はたの》氏や三浦氏のように、たびたび鎌倉警固を任とする武士もいた。

催促を受けた軍勢は、いずれかの場所に参集する。康暦二年（一三八〇）から始まる小山氏の乱では数回にわたる乱の際、武蔵府中、村岡などが参集地となった。これは交通の要所であることと、高安寺など公方が滞在できる施設が存在したことが理由だろう。

参陣した武士は、大将などに「着到状《ちゃくとうじょう》」を提出し、確認を受ける。軍勢が集まると行軍が始まる。敵の状況によっては複数の軍団に分かれるが、おおむね鎌倉街道などの大道を行くことが多い。実際に合戦になると、武士は大将などの指揮官や彼らの指揮下にいる自

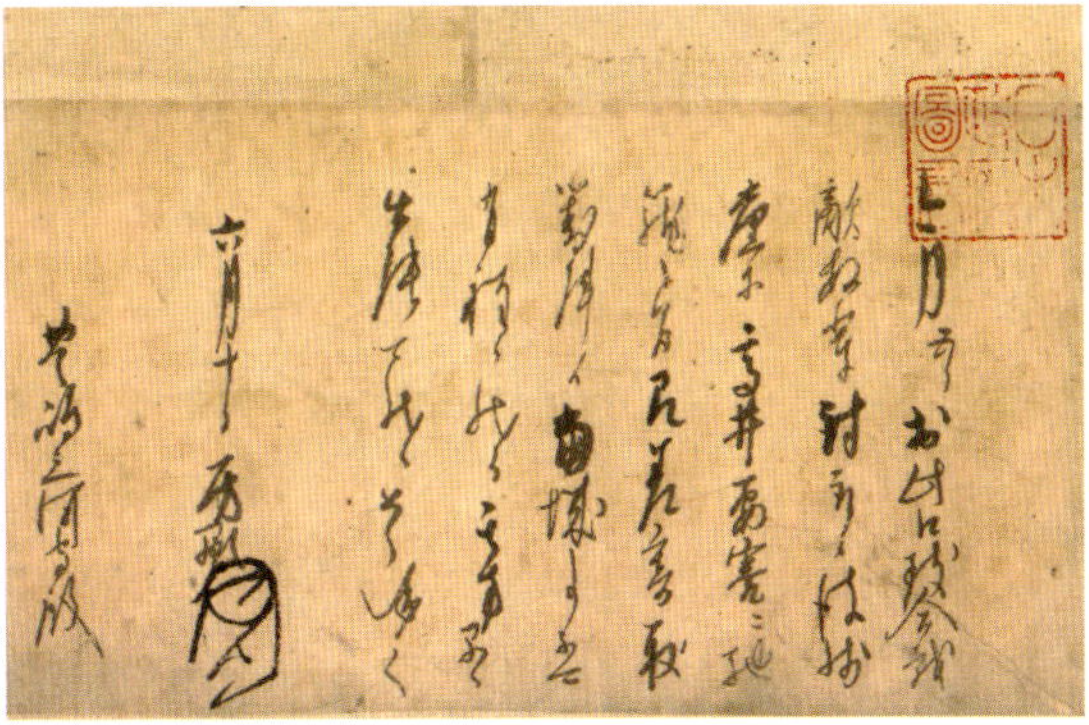

（享徳４年）６月10日付け上杉房顕軍勢催促状◆享徳の乱の最中、上野国三原宮合戦で勝利し、足利成氏方の残党を高井要害に包囲したので、豊島三河守に出兵するよう催促している　国立公文書館内閣文庫蔵

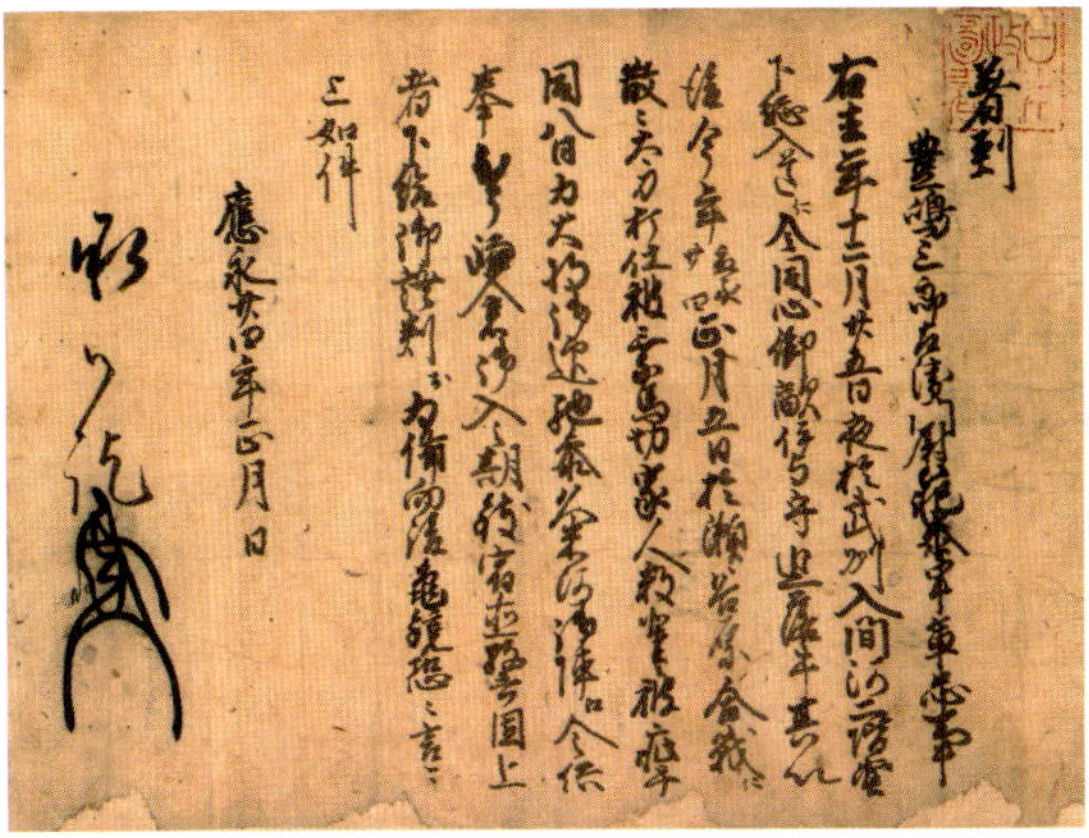

応永24年正月日付け豊島範泰着到軍忠状◆応永23年12月25日の武蔵国入間川合戦や応永24年正月５日の同瀬谷原合戦等に参陣し、軍功を上げたことをアピールしている。上杉禅秀の乱に関する文書で、「承候訖」の文言とともに花押を据えているのは、関東管領山内上杉憲基である　国立公文書館内閣文庫蔵

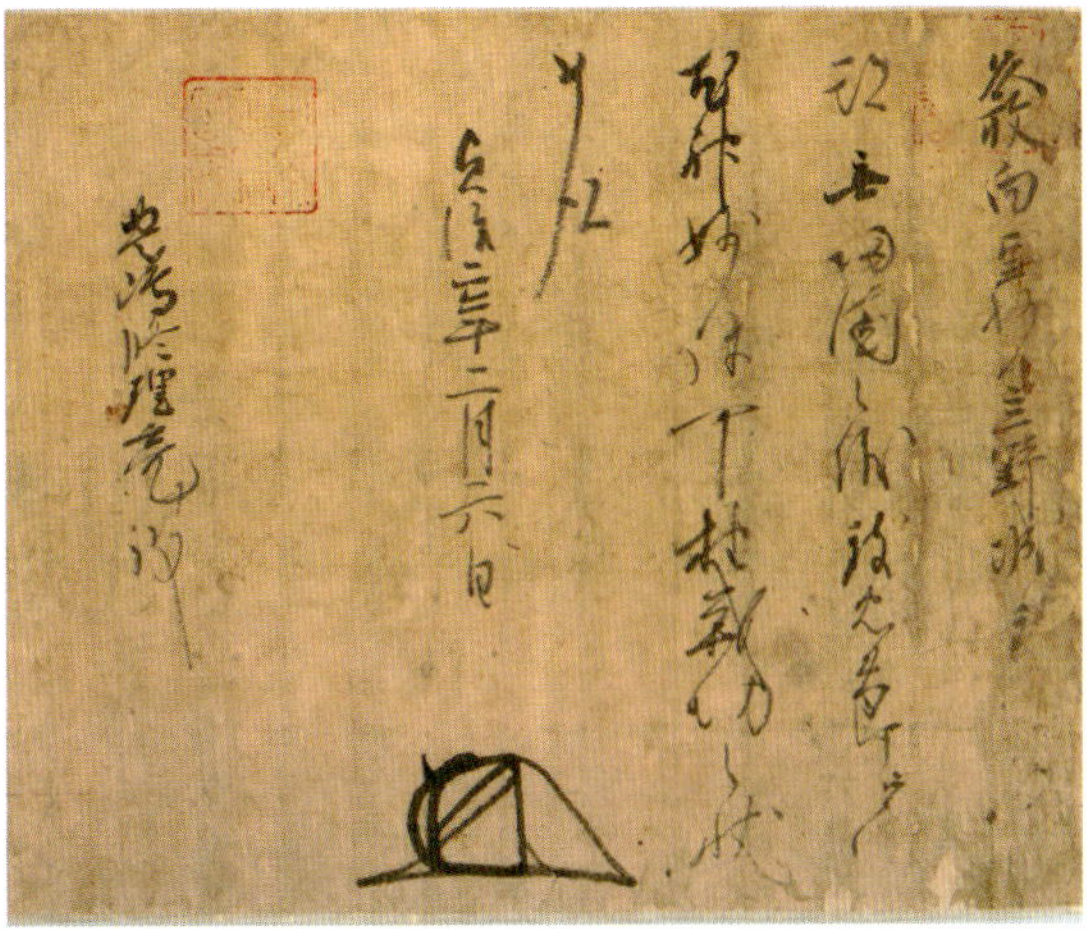

貞治２年２月６日付け足利基氏感状◆豊島修理亮に対し、伊豆国立野城攻めで帰国せずに忠節を果たしたことを賞している。本文書は畠山国清の乱に関するものである　国立公文書館内閣文庫蔵

分の惣領《そうりょう》の命令を受けて戦った。

これら進軍の様子や途中で築いた陣、合戦の様子は、参加した武士が戦後に戦功を申請した「軍忠状《ぐんちゅうじょう》」からうかがえる。武士たちは、恩賞の給付や所領相論を優位に進めることを目的として、どのような軍事行動をしたのか、討ち死にしたり怪我をしたりしたのは誰か、誰と共に行動したか（つまり、証人はだれか）、などを書き連ね、大将などの証判を得る。

申請を受けた側はこれを軍奉行などが検証し、事実と認定されると恩賞の給付がされるという。実際に、武士が受給した合戦の「感状《かんじょう》」が多く残されているので、軍忠状が検証された結果、感状が発給されたのであろう。

しかし、鎌倉府体制における戦功認定過程にはいまだ謎が多い。これは、軍忠状に残された証判のうち、文和期以降のものの約二十パーセントが誰のものかわからないからである。このことは、大将以外にも軍功認定の作業に関わっていた人物がいたことを想起させる。これらを特定することは現時点では難しいが、実際に上杉氏の被官である恒岡氏や瀬下氏が着到状の証判や軍功認定（首実検《くびじっけん》）に関わっていたとする文書・記録もあるので、大将の被官がその軍事指揮権を一部代行したという考えもできそうである。

さて、そういった過程を経てもらう感状には、所領給付などの恩賞が明記されているものは少ない。しかし、例えば常陸の宍戸《しど》氏の所領相論に関する申状《もうしじょう》には、先の小山氏の乱の軍功に対して所領を給付された旨があるので、実際には軍功をもとにした所領宛行がなされていたのであろう。

このように、軍功の認定には合戦に参加した当事者の申請が重要であったが、十五世紀前半に入ると、幕府の軍功認定システムの変化、享徳の乱（合戦の頻発）の勃発などを受けて、鎌倉府（公方）側からの積極的な恩賞（感状）給付が進むようになる。これらは鎌倉府が安定し、関東管領をはじめとする上杉氏や有力直臣が公方を軍事的に支えていた時代と異なるもので、公方権力と社会の変容が影響したと思われる。

（石橋）

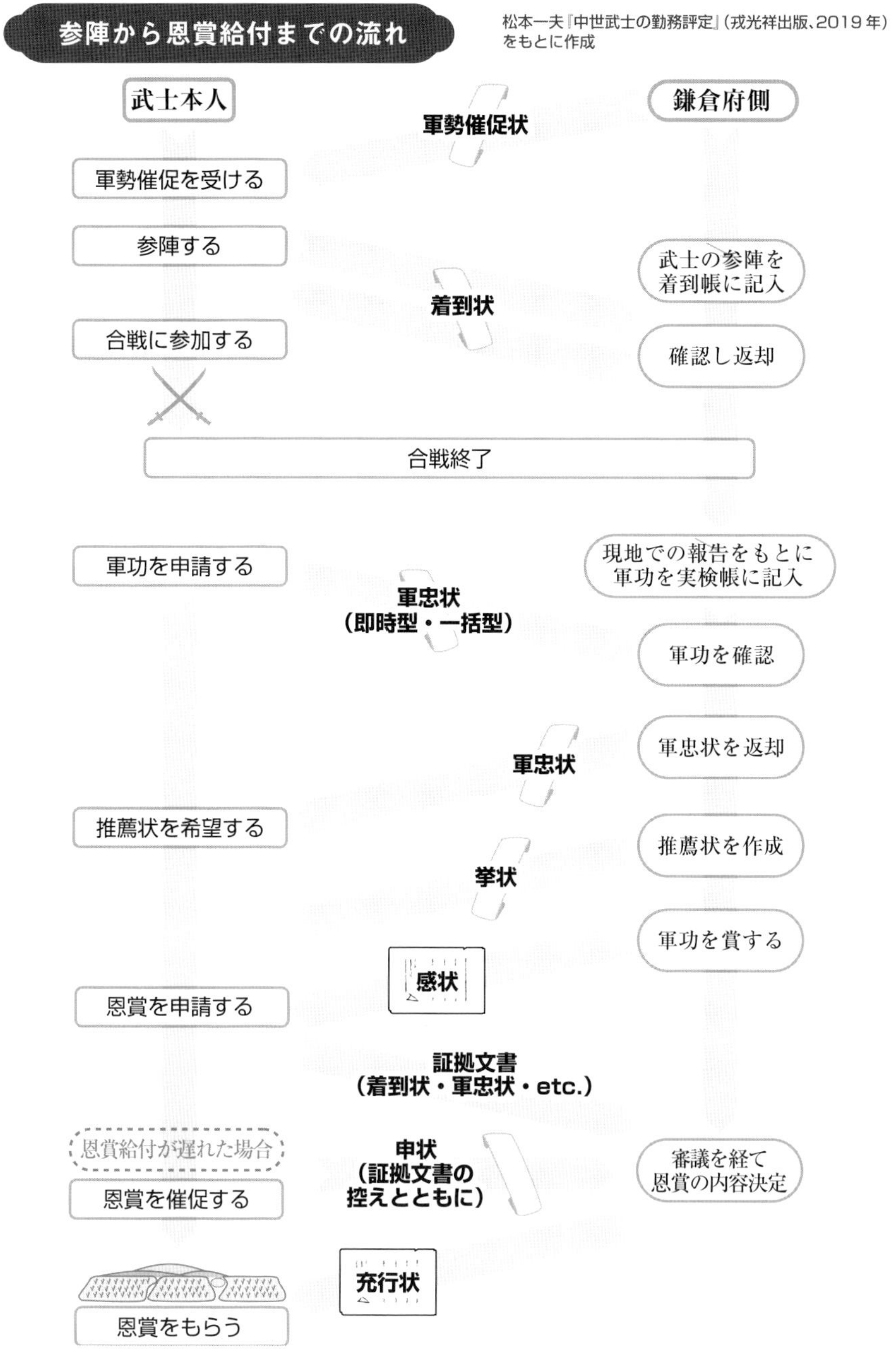

参陣から恩賞給付までの流れ
松本一夫『中世武士の勤務評定』(戎光祥出版、2019年)をもとに作成
武士本人
鎌倉府側
軍勢催促状
軍勢催促を受ける
参陣する
武士の参陣を着到帳に記入
着到状
合戦に参加する
確認し返却
合戦終了
軍功を申請する
現地での報告をもとに軍功を実検帳に記入
軍忠状
(即時型・一括型)
軍功を確認
軍忠状を返却
軍忠状
推薦状を希望する
推薦状を作成
挙状
軍功を賞する
感状
恩賞を申請する
証拠文書
(着到状・軍忠状・etc.)
恩賞給付が遅れた場合
申状
(証拠文書の控えとともに)
恩賞を催促する
審議を経て恩賞の内容決定
充行状
恩賞をもらう

05 経済基盤——直轄領から商業・流通へ

鎌倉府の経済基盤は、直轄領が基本であった。しかし、その歴史的な経緯や存在形態はさまざまである。たとえば、東国武家が足利氏の私領を与えられた場合、それは直轄領に准じたものとみなすことができる。もともと足利氏被官であった者たちの所領などはそれにあたろう。鎌倉府の直轄領といっても、単純化して理解することは、事の本質を見誤らせることになる。

鎌倉府直轄領の土台は、鎌倉期足利氏の家領を継承した土地で、下野国足利庄（栃木県足利市）・相模国愛《あい》甲《こう》荘（神奈川県厚木市）・上総国市東《しとう》郡・上総国市西《しさい》郡などである。これに鎌倉期に北条氏が領有していた公私の土地を獲得したものが加わる。たとえば相模国鎌倉・山内庄・武蔵国六浦《むつら》・久良岐《くらき》郡・足立《あだち》郡や、武蔵国内の国衙領（諸保）などである。これは、都市鎌倉を中心とした南関東、とりわけ相模国東部・武蔵国南部における政治・経済的な要地を含むことに特徴がある。

東国における旧鎌倉幕府・旧北条氏の関連所領の多くは、南北朝動乱の過程でひとたび伝統的な東国大名・国人層が獲得していた。しかし、たとえば小山氏は、小山義政の乱に敗北した結果、それらの土地を鎌倉府に没収された。武蔵国太田《おおた》庄・下総国下河辺《しもこうべ》庄などがこれにあたる。鎌倉府は、そうして関東平野中央部に広大な直轄領を拡張させ、経済基盤を安定させていったのである。鎌倉府の歴史において、小山義政の乱が重視される理由のひとつである。

鎌倉府直轄領の分布状況は、東国の交通網との関係でも注目される。都市鎌倉へ通じる鎌倉街道の要所や、河海の重要港湾が、直轄地として押さえられているからである。

鎌倉府の財政が、いかに流通経済と関係し、どのような徴収機構を整えていたのかを示す具体的な史料はほとんど残されていない。わずかに私領荘園に政所が設置されていた形跡があることや、鎌倉府政所が公事賦課に携わっていたとみられることのみである。

しかし「流通政策」や「鎌倉支配」の項でも述べるが、鎌倉府が東国社会における流通課税の権限をもっていたことは明らかである。それは鎌倉府が、東国寺社の造営・修理をおこなったときに見えてくる。たとえば鎌倉府は、東国の関料《せきりょう》・津料《つりょう》・帆別銭《ほべちせん》・橋賃や地子、鎌倉中の酒壺銭《しゅこせん》・間別銭《まべちせん》、河海の諸湊・津における蔵役《くらやく》（倉役）、さらに有徳銭《うとくせん》・勧進銭《かんじんせん》などの徴収権を、諸寺社に付与していることが知られるからである。これは、鎌倉府がそれらの賦課権を掌握しており、その運用を差配できる立場にあったことを示していよう。

また、一国平均役《いっこくへいきんやく》の免除を許可する古文書からは、鎌倉府が段銭《たんせん》・棟別銭《むなべちせん》などの賦課権をにぎっていたこともわかる。さらに鎌倉府は、相模国・上総国などを中心に散在する鋳物師《いもじ》ら技能職人の編成権も有していたようである。これらは、鎌倉府が東国統治機関として存立することで獲得されたものであったといえる。

鎌倉府は、直轄領の御料所《ごりょうしょ》を中心とした土地への賦課、ならびに流通経済への商業課税を財政基盤としていたと思しい。管轄国において商業・流通の経済圏を掌握することが可能なしくみを形成していたのであろう。

（杉山）

『建保職人歌合』に描かれた鋳物師◆鋳物師は鋳造を行う職人のことで、主に梵鐘などを製作した。集団で活動することが多く、関東では相模国毛利（神奈川県厚木市）や下野国天命（栃木県佐野市）の鋳物師等が有名である　国立国会図書館蔵

06 流通政策――街道をおさえ、海運をにぎる

いわゆる「鎌倉街道《かまくらかいどう》」という呼称があるように、東国の〝首都〟鎌倉へはいくつもの道が整備され、多くの人・モノが往来していた。なかでも鎌倉府の時代に重要視されていたのは、「鎌倉街道上道《かみつみち》」と称される、武蔵府中（東京都府中市）を起点とする街道とその支線であった。上道は、小山氏の乱や永享の乱など、鎌倉府の軍事行動においてもしばしば利用されている。武蔵府中は軍勢の集結拠点にもなっており、高坂《たかさか》（埼玉県東松山市）、村岡《むらおか》（埼玉県熊谷市）などは軍勢の「宿《しゅく》」でもあった。

室町期東国の流通では、海運《かいうん》の重要性も指摘されている。その要衝として栄えたのは、六浦《むつら》（横浜市金沢区）・神奈川《かながわ》（同神奈川区）・品川《しながわ》（東京都品川区）などの港町である。これら三つの湊は、太平洋海運によって、当時「内海《うちうみ》」と呼ばれた東京湾と、西国、とくに伊勢方面とを結ぶ流通の拠点だった。

こうした港に出入りする船舶には、帆別銭（船の帆の大きさに応じた税）がかけられ、寺社造営の費用などに宛てられた。「金沢文庫文書」に残る「帆別銭納《のう》帳《ちょう》」と記された史料には、明徳三年（一三九二）から応永三年（一三九六）に至る神奈川・品川両港の帆別銭の額が綴られている。これによれば、明徳三年分は両港合わせて四十六貫文、翌年分は五十九貫文、さらに応永元年分では一三二貫文もの額にのぼっており、両港に出入りする船は多く、その繁栄ぶりがうかがえる。

また、鶴岡八幡宮や称名寺に残る史料からは、河川や海を接続する舟運を利用した年貢輸送が盛んだったこともわかる。こうした流通へも「津料《つりょう》」や「関《せき》料《りょう》」などがかけられた。応安四年（一三七一）、鎌倉

府は鶴岡八幡宮の「神供運送船」に対して「津々関々」での煩い（＝徴税）がないようにとの御教書をたびたび下しているものの、なおも妨げがあるとして、再度の御教書を下している。これは、裏を返せばそれだけさまざまな場所で徴税が行われていたことを示していよう。

　そして、鎌倉府はこうした交通の要衝ともいえる場所の多くを直轄領とし、年貢や物資輸送など、経済的な要素を掌握していたのである。また、鎌倉公方屋敷が鎌倉の東方、いわゆる六浦路に面していたことも、鎌倉府による流通掌握の重要なポイントとなった可能性も考えられるだろう。（駒見）

江戸時代の浮世絵に描かれた金沢八景◆中世には東国有数の港湾都市として栄え、鎌倉府の経済活動を支えた六浦だったが、徐々に都市としての機能は失われ、江戸時代には金沢八景として観光の名所となっていった　国立国会図書館蔵

江戸内海の主要な港位置図

07 鎌倉支配――東国の〝首都〟を治める

鎌倉府が拠った都市鎌倉は、源頼朝《よりとも》による開府以来の「武家の都」であり、鎌倉府の時代にあっても、東国支配の政治拠点として多くの人々が出入りする都市であった。

鎌倉府に出仕する守護や東国武士たちは、鎌倉と領国・本貫《ほんがん》地域とを行き来しながら活動していた。府に奉公する東国武士のなかには、鎌倉に屋敷をもっていたものも知られている。たとえば、陸奥の葦名《あしな》氏が「大倉釈迦堂谷《おおくらしゃかどうがやつ》」などに、下野国の小山氏が「法花堂《ほっけどう》前《まえ》・車小路《くるまこうじ》」に屋敷をもっていたことが史料からわかる。なかでも、常陸国の佐竹氏は鎌倉名越《なごえ》に屋敷をもっていたことから、佐竹義憲《よしのり》は「名越殿」とも称されていた。

こうした鎌倉の地にあつまる武士たちに対し、鎌倉府は「面付銭」といわれる人頭税的課役をかけた。これは、鎌倉府と東国武士の主従関係に強く規定された税で、主に鎌倉公方家の仏事や寺社造営などの費用に充てられた。

鎌倉府が都市鎌倉へかけた〝都市税〟として史料上で知られているものに、間別銭と酒壺銭がある。間別銭とは屋敷や家屋に応じてかけられる税で、酒壺銭とは「酒屋役《さかややく》」ともいわれ、酒屋の酒壺ごとにかけられた税である。これらは「鎌倉中諸役《かまくらちゅうしょやく》」とも総称される。

永徳二年（一三八二）、室町幕府は円覚寺黄梅院《おうばいいん》の華《け》厳塔《ごんとう》再建のため、鎌倉府に「鎌倉中酒壺役」をかけるよう命じた。このことから、都市鎌倉への諸税の賦課は、幕府からみても「鎌倉府が行うもの」という認識をもっていたことがわかる。

これら都市鎌倉に集まる人々にかけられた税は、主に鎌倉の寺社造営などに充てられた臨時的な税目だったようだ。宗教都市としての一面をもつ鎌倉にあって、寺社の存在は政治的にも重要である。室町期、鎌倉宗教界の象徴的な存在だった鶴岡八幡宮や、禅宗寺院として足利氏から厚い帰依をうけた円覚寺はたびたび火災に遭った。そのたびに鎌倉府は再建造営を全面的に支え、つながりを深めたのである。　（駒見）

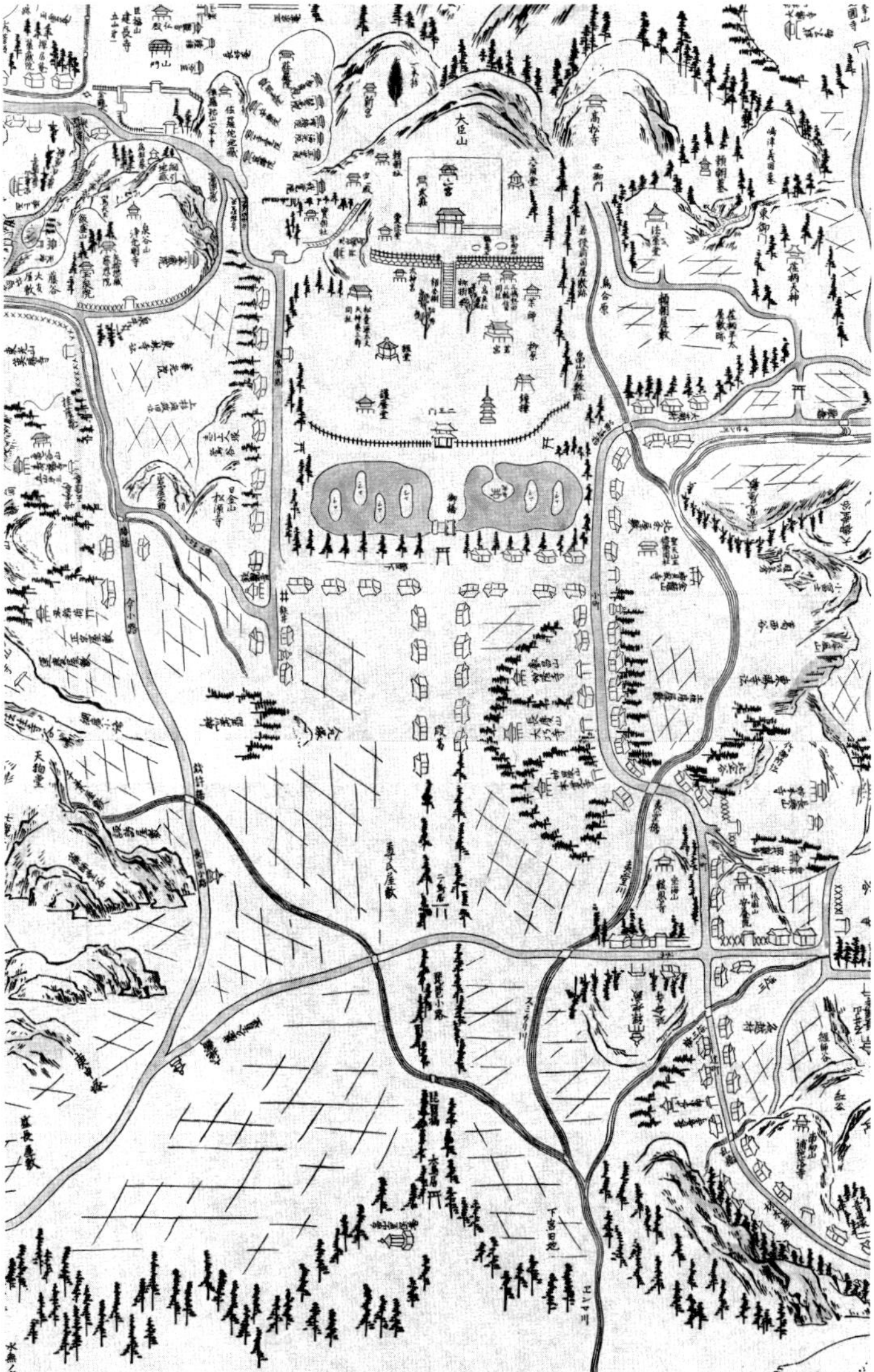

地図に描かれた鎌倉◆前代にひきつづき、南北朝・室町期の鎌倉も日本を代表する都市の一つで、多数の寺社や武士の屋敷、市庭や商人たちの家屋等が軒を連ねていたとされる。鎌倉を安定的に支配することが、鎌倉府を運営するうえで必須だったことは間違いない　個人蔵

08 宗教政策——東国独自のあり方を模索する

鎌倉公方は、東国寺社の別当職《べっとうしき》や供僧職《くそう》の補任権を握ることによって、これを統制した。また、東国寺社の諸職・所領に関する訴訟を受け入れることによって、影響力を及ぼす契機とした。東国寺社に対するさまざまな寄進《きしん》や諸役免除も、これに準じた行為といえる。

鎌倉府でもっとも重視された寺院は、鎌倉の大御《おおみ》堂谷《どうがやつ》にあった勝長寿院《しょうちょうじゅいん》である。『鎌倉年中行事』によると勝長寿院の別当（御門主《ごもんしゅ》）は、歳首御礼のとき鎌倉公方御所を訪れると特別に大御門がひらかれ、網《あ》代輿《じろごし》で車寄《くるまよせ》に乗りつけることが許されていた。また、足利将軍の猶子《ゆうし》になるとの内規もあった。これは勝長寿院のみの特例で、別当個人に与えられた身分格式の高さを示している。

そして、勝長寿院の別当は鎌倉府において「御祈祷《ごきとう》奉行《ぶぎょう》」もつとめた。さらに、下野国の日光山《にっこうさん》別当を兼帯し、これを統制下においている。また、武蔵国の慈光寺《じこうじ》（埼玉県ときがわ町）など、東国の山門派《さんもんは》寺院も従えていた。勝長寿院別当は、東国における顕密《けんみつ》寺院を統括する立場にあったことがわかる。

勝長寿院とともに重視されたのが、鶴岡八幡宮である。鶴岡八幡宮の別当は若宮《わかみや》別当とも呼称され、鶴岡八幡宮の供僧二十五坊を統括した。また、鶴岡別当は鎌倉府の武家祈祷において中核的役割を担い、「関東《かんとう》護持奉行《ごじぶぎょう》」とも称された。これは鶴岡別当が、上洛して京都に長期滞在することもなく、鎌倉定住が基本だったからである。

さて、鎌倉府では禅宗寺院の占める位置も大きかった。室町幕府と同様である。室町時代の日本列島では、禅宗寺院に「五山《ござん》・十刹《じっさつ》・諸山《しょざん》」という階層秩序があった。そのなかで、東国禅宗寺院は五山と十刹が京都か

慈光寺板碑群◆慈光寺は平安期に勅願所となるなど、関東の天台宗の中心的な位置を担い、源頼朝も帰依するなど、武家からの信仰も篤かった。境内に残る鎌倉期の板碑群は圧巻である　埼玉県ときがわ町

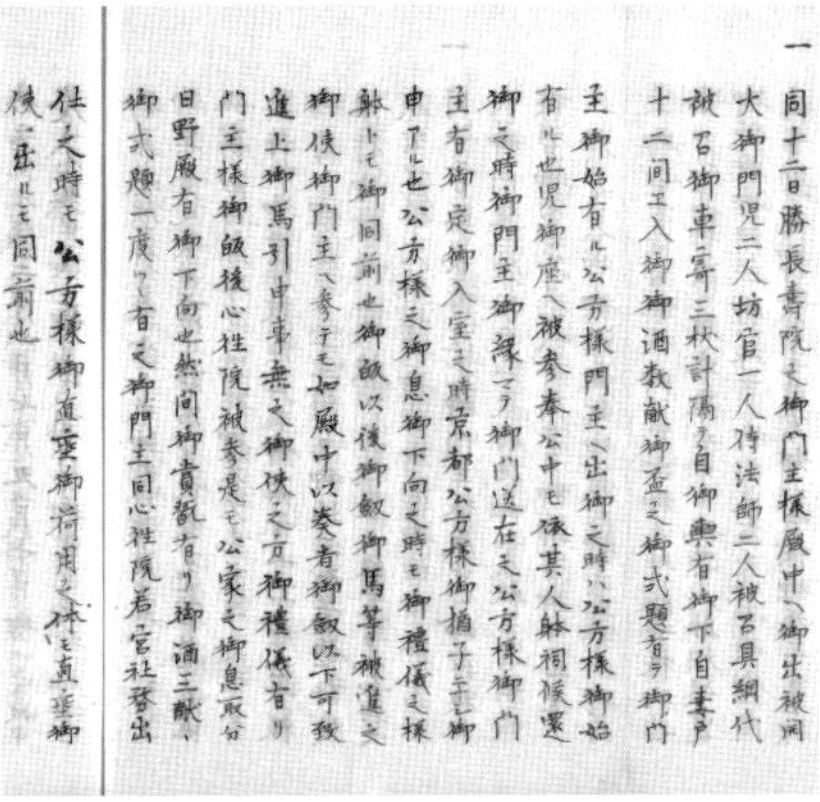

一　同十二日勝長寿院之御門主様殿中ヘ御出被開
大御門児二人坊官一人侍法師二人被召具網代
被召御車寄三杖計隔テ自御輿有御下自妻戸
十二間エ入御御酒教献御盃之御式題有テ御門
主御始有ル公方様門主ヘ出御之時ハ公方様御始
有ル也児御座ヘ被参奉公中モ依其人躰祠候選
御之時御門主御礼マテ御門送在之公方様御門
主有御定御入室之時京都公方様御猶子ニモ御
申アル也公方様之御息御下向之時モ御礼儀之様
躰トモ御同前也御飯以後御舩御馬等被進之
御使御門主ヘ参テモ如殿中以奏者御舩以下可致
進上御馬引中事無之御使之方御礼儀有リ
門主様御飯後心柱院被参是モ公家之御息取分
日野殿有御下向也然間御貴翫有リ御酒三献、
御式題一度ツヽ有之御門主同心柱院若宮社参出
仕之時モ公方様御直垂御荷用之体ヒモ直垂御
使一出ルモ同前也

『鎌倉年中行事』に書かれた勝長寿院の記事◆正月十二日の記事で、対面の様子や規定が書かれている　国立国会図書館蔵

鶴岡八幡宮◆源頼義が鎌倉に石清水八幡宮を勧請し鶴岡若宮としたことに始まり、以後、東国武士たちの尊崇を集めた。鎌倉幕府滅亡後は衰退したとイメージされがちだが、鎌倉府内での位置付けも高く、隆盛を誇った　神奈川県鎌倉市

ら切り離されて存在していた。鎌倉五山は、建長寺・円覚寺・寿福寺・浄智寺・浄妙寺である。

応安六年（一三七三）、鎌倉五山の住持職は、室町幕府が補任状（公帖《こうじょう》）を発給すると定められた。鎌倉府は、建長寺や円覚寺などの補任権は握れなかったのである。しかし鎌倉府は、寺院修造費の出資など経済的保護を加えることによって鎌倉五山を統制した。『鎌倉年中行事』によると、鎌倉五山の長老は毎年、正月十六日に鎌倉公方のもとへ歳首御礼に訪れるべきと規定されている。

なお、鎌倉府は十刹以下の禅宗寺院の補任権は確保できた。『鎌倉年中行事』によると、十刹・諸山の長老はやはり正月十六日、鎌倉公方に歳首御礼を行うべきとされている。

鎌倉の禅宗寺院では、尼寺《あまでら》についてもゆるやかな制度が設けられていた。いわゆる鎌倉の比丘尼《びくに》五山で、太平寺《たいへいじ》・東慶寺《とうけいじ》・国恩寺《こくおんじ》・護法寺《ごほうじ》・禅明寺《ぜんみょうじ》の五ヶ寺である。『鎌倉年中行事』によると、比丘尼五山の長老はやはり正月十六日、鎌倉公方に歳首御礼を行うことが恒例とされている。

鎌倉の禅宗寺院には、京都の禅宗寺院との回路が維持されていた。そのため、鎌倉五山の禅僧は、鎌倉府と室町幕府が対立すると鎌倉府使節として京都に派遣され、両者の調整にあたることもあった。

さて、東国社会ならではの意義を有する宗教施設として、箱根山《はこねさん》（箱根神社。神奈川県箱根町）と走湯山《そうとうさん》（伊豆山神社。静岡県熱海市）がある。両所は、鎌倉時代から「二所《にしょ》」と称され、東国社会でひろく尊崇されていた。また、下野国足利荘の鑁阿寺《ばんなじ》（栃木県足利市）も室町期東国社会では重要な位置をしめた。鑁阿寺は、旧足利氏館の持仏堂《じぶつどう》が転化したとの伝承をもつ真言宗寺院で、足利氏の氏寺として足利氏一族から篤く尊崇されたからである。そのほか、鎌倉府は祈願寺《きがんじ》や諸国一宮《いちのみや》とも関係をむすんだ。

鎌倉府は、勝長寿院や鶴岡八幡宮を中心とした鎌倉時代以来の伝統的な宗教政策を継承しながらも、室町時代独自のあり方を展開したのである。

（杉山）

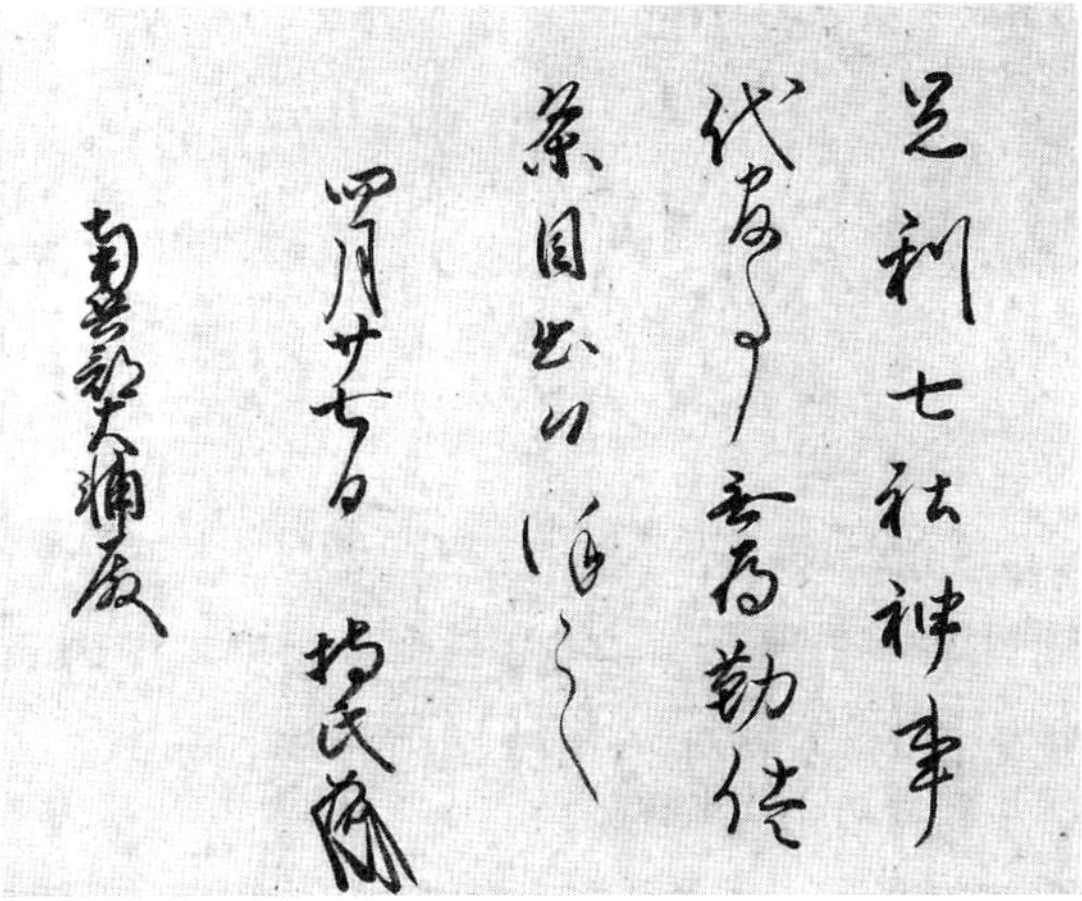
足利七社神事
代官として無為勤仕
条目出候、恐々
四月廿七日　持氏
南式部大輔殿

（年未詳）4月27日付け足利持氏書状◆代官の南詮宗に対し、持氏が足利庄内七社の神事勤仕を無事に果たしたことを賞している　栃木県足利市・鑁阿寺蔵

鑁阿寺経堂◆鑁阿寺は足利氏館を淵源とする同氏の氏寺で、経堂は応永14年に三代公方足利満兼の手によって再建されたとされる。なお、内部には歴代足利将軍の木像を安置している　栃木県足利市

伊豆山神社◆古代からの霊場で、伊豆に配流された源頼朝が当社で源氏再興を祈願したこともあり、鎌倉幕府以降、武家の間で重要な位置を占めることになった。伊豆山権現・走湯権現などとも称される　静岡県熱海市

09 年中行事《ねんちゅうぎょうじ》——儀礼で身分秩序を確認する

鎌倉府の年中行事は、東国武家の儀礼的秩序を維持するために重要な意義をもっていた。その様相は、『鎌倉年中行事』によって知ることができる。

『鎌倉年中行事』は、①鎌倉公方を中心とした鎌倉府の年中行事、②鎌倉公方の通過儀礼と諸典礼、③鎌倉府体制内における礼儀と書札礼、④補足の雑規定、の四部門によって構成される武家故実書である。著者は、足利持氏・成氏両公方に仕えた海老名氏である。足利成氏が古河に移座したのち、父持氏の時代におこなわれていた年中行事・儀礼・典礼などを本来のあるべき姿とみなし、それらを書き留めたものである。

鎌倉府の年中行事は、正月に集中していた。これは室町幕府と同様である。そこで重視されたのは、鎌倉公方に対する拝謁、すなわち御対面儀礼である。とくに正月中の一日（元旦）・二日・三日・七日・十五日は、五箇日として重要な饗応儀礼がおこなわれた。その日に設定された垸飯は、一日（元旦）が関東管領、二日が相模守護・安房守護の隔年、三日が常陸守護・下野守護の隔年、七日が鎌倉府政所、十五日が上総守護・下総守護の隔年、でつとめた。

鎌倉公方への御対面儀礼が恒例とされたのは、武家だけではなかった。十二日には勝長寿院、十三日には月輪院・遍照院・一心院（いずれも護持僧）、十六日には鎌倉五山長老・比丘尼五山長老や十刹・諸山住持、十八日には藤沢清浄光寺上人などの歳首御礼が順次におこなわれたのである。

さらにその間には、四日に政所・法体宿老中、十日に小侍所・評定奉行・侍所、十九日以降に奉公衆らの御対面儀礼があったほか、五日に御行始（関東管領亭）、十一日に評定始、十七日に的始などの歳首儀礼も配さ

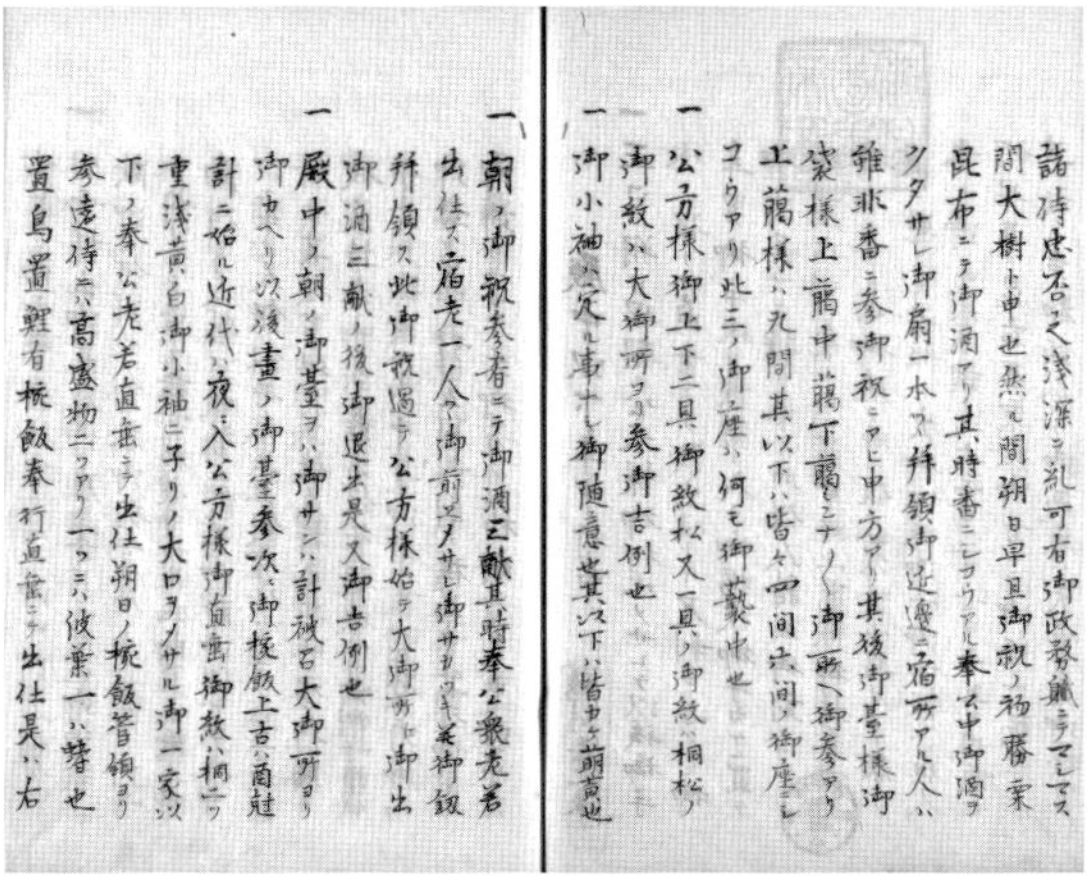
諸侍忠否之浅深ニ私可有御政務職ニテマシマス
間大樹ト申也然ル間朔日早且御祝ノ初番衆
昆布ニテ御酒アリ其時番ニシコウアル奉公中御酒ヲ
クタサレ御扇一本ツヽ拝領御近辺ニ宿所アル人ハ
雖非番ニ参御祝ニアヒ中方アリ其後御臺様御
袋様上臈中臈下臈モニナノく御所ヘ御参アリ
上臈様ハ九間其以下ハ皆々四間六間ノ御座ニシ
コウアリ此三ノ御座ハ何モ御蔵中也
一 公方様御上下二具御紋松又一具ノ御紋ハ桐松ノ
御紋ハ大御所ヨリ参御吉例也
一 御小袖ハ定ル事ナシ御随意也其以下ハ皆ナヽ前言也
一 朝ノ御祝参者ニテ御酒三献其時奉公衆老若
出仕ス宿老一人ツヽ御前ヘメサレ御サカツキ并御銀
拝領ス此御祝過テ公方様始テ大御所ト御出
御酒三献ノ後御退出是又御吉例也
一 殿中ノ朝ノ御臺ヲハ御サシハ計被召大御所ヨリ
御カヘリ以後晝ノ御臺参次ニ御椀飯上古ハ直垂
計ニ始ル近代ハ夜ニ入公方様御直垂御紋ハ桐二ツ
重浅黄白御小袖ニ子リノ大口ヲメサル御一家以
下ノ奉公老若直垂ニテ出仕朔日ノ椀飯管領ヨリ
参遠侍ニハ高盛物二ツアリ一ツニハ彼菓一ハ替也
置鳥置鯉有椀飯奉行直垂ニテ出仕是ハ右

『鎌倉年中行事』に記された正月の記事◆正月は連日、公方と鎌倉府に関わる人びとの御対面儀礼があった　国立国会図書館蔵

浄智寺山門◆鎌倉五山のひとつで、臨済宗円覚寺派に属する。上杉禅秀の乱のあと足利持氏が鎌倉に戻ったとき、2ヶ月以上滞在したとされる。また、成氏が鎌倉に迎えられた際にも浄智寺に入ったとされ、鎌倉公方にとって重要な寺院だったようだ　神奈川県鎌倉市

荏柄天神社本殿◆源頼朝が鎌倉幕府の鬼門除けのために社殿を造営したと伝えられ、以来、武家の崇敬を集めた。菅原道真が御祭神で、現在でも多くの参詣者が訪れる。本殿は鶴岡八幡宮若宮から移築されたもので、貴重な中世の建築物である　神奈川県鎌倉市

れた。

御対面儀礼では、鎌倉公方に拝謁する日程・場所・装束・礼儀などが、身分格式によって細部にわたり厳密に定められ、鎌倉公方との関係が可視化された。たとえば対面位置が、敷居の内か外か、屋内か庭上か、などである。鎌倉公方居館でおこなわれた年中行事は、お互いの関係を確認する政治の場だったのである。

なお二月以降は、毎月朔日と節日に祝儀がおこなわれた。このうち八月朔日は、八朔が大規模におこなわれ、相互に贈答が交わされた。しかしその他の朔日は、御一家・近臣のみの祝儀であった。

節日は、いわゆる上巳・端午・七夕・重陽に祝儀がおこなわれた。十月の亥子もこれに准じることができよう。たとえば三月三日の上巳は、由比ガ浜にて犬追物が催されている。

鎌倉公方の鎌倉寺社への参詣は、正月下旬から二月中と、七月に設定されている。正月二十三日ごろの鶴岡八幡宮参詣からはじめ、二十八日に明王院、二十九日に今宮・瀬戸三嶋社などへの参詣が続いた。二月には足利氏菩提寺の十二箇寺へ御焼香に訪れた。浄妙寺・長寿寺・大休寺・延福寺・瑞泉寺・長徳寺・永安寺・勝光院・太平寺・天寿院・冷光院・保寿院である。この二月中には、荏柄天神や鶴岡八幡宮での参篭もおこなわれている。七月には十五日に建長寺の施餓鬼へ訪れた。

七月十六日に新居閻魔堂・扇谷海蔵寺で上杉禅秀の乱の御弔（施餓鬼）がおこなわれているのは、鎌倉府独自の習俗といえる。こうした鎌倉府に特徴的な年中行事には、正月八日の若宮社務による加持祈祷、四月酉ノ日の伊豆三嶋大社および箱根権現・走湯権現への代官派遣（いわゆる二所詣）、六月一日の飯盛山之富士への御参詣（のちの山開き）、五月吉日の泰山府君祭などがあった。

鎌倉府の年中行事の本義は、鎌倉公方と東国武家・鎌倉寺社との御対面儀礼、すなわち身分秩序の確認にあった。

（杉山）

犬追物図◆鎌倉時代からはじまった行事で、騎馬で犬を追い、弓で射る騎射訓練の一環でもあった。本図は上下別々のものである　国立国会図書館蔵

撫物の様子◆祓いをおこない、穢れを川に流す陰陽師の様子を伝えている。鎌倉府でもこのようなかたちで行われたのだろう　『万暦大成』

10 身分秩序《みぶんちつじょ》——足利氏を頂点とする血統秩序

中世（前近代）はいうまでもなく身分社会であり、尊卑《そんぴ》の原理によって秩序が維持されていた。中世後期（南北朝期～戦国期）の武家社会では、足利氏を頂点とする身分秩序・血統秩序が存在した。上から順番に①足利氏、②御連枝《ごれんし》、③御三家《ごさんけ》、④一門、⑤非一門となっている。以下、血統の体系を具体的にみていこう。

①足利氏は、将軍（室町殿《むろまちどの》）・公方（鎌倉殿）のことである。西国・東国それぞれの「王」として武家の頂点に君臨した。

②御連枝は、足利氏の兄弟たちやその末裔のことである（女性や僧籍の者なども含む）。室町期の東国の場合、三代公方満兼の兄弟である満貞（稲村公方）・満直（篠川公方）・満隆（新御堂殿《しんみどうどの》）、四代公方持氏の兄弟である持仲、五代公方成氏の兄弟である成潤《せいじゅん》（大《おお》御堂殿《みどうどの》）・定尊《じょうそん》（雪下殿《ゆきのしたどの》）・尊倣《そんじょう》（雪下殿）・守実《しゅじつ》（熊《くま》野堂殿《のどうどの》）などがいた。

いずれも足利氏（公方）の分身として彼を支えることが期待された者たちだったが、他方、公方になりかわりうるほどの貴種性《きしゅせい》を持つがゆえに、悲惨な最期を遂げた者も少なくなかった。

③御三家と④一門は、かつては研究者から「御一《ごいっ》家《か》」と呼ばれることも多かったが、近年、御一家の名称と実態に関する検討が進んだ結果、今では③御三家、④一門と分別・仮称されている。

③御三家は、吉良《きら》・石橋《いしばし》（関東では岩松《いわまつ》）・渋川《しぶかわ》の三氏のことである（吉良氏が筆頭、石橋・渋川両氏は対等。なお、石橋氏不在の関東では、岩松氏が戦国期に入ってから御三家化した）。彼らは足利氏・御連枝に次ぐ・准ずる身分的地位にあり、単なる一門からは隔絶した位置にあった。

足利一族略系図

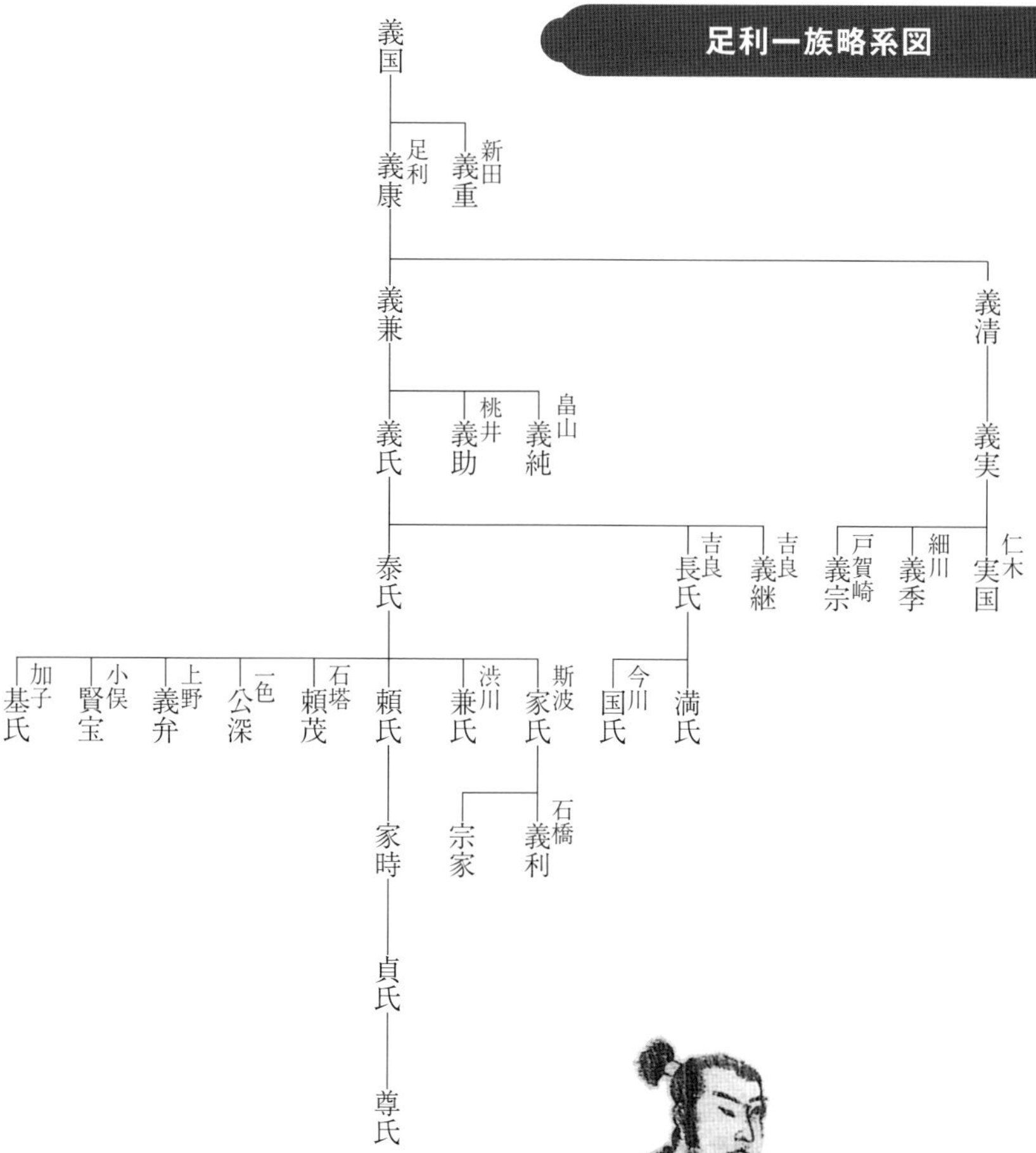

『続英雄百首』に描かれた足利持仲
◆足利満兼の子で、持氏の弟。持氏と叔父の満隆の間が険悪な状態になると、関東管領上杉憲定の仲介で持仲が満隆の養子となることで、両者の融和が図られた。禅秀の乱では満隆と行動を共にし、最期は鎌倉雪下で自害した　当社蔵

彼らの尊貴性の背景（吉良・石橋・渋川三氏のみの共通点）として、出自が足利氏（嫡流）の「兄」の流れであること、南北朝初期頃までは「足利」名字を名乗っていたこと、などが挙げられ、御三家の役割は足利氏・御連枝が断絶した場合の「血のスペア」にあったと考えられている。なお、斯波氏〈のみ〉も御三家入りするだけの資格・条件は有していたが、室町幕府三管領家筆頭となったことで、御三家以下の身分的地位に置かれた。

④一門は、源義国《よしくに》（源義家《よしいえ》の三男）の後裔、および源為義《ためよし》（源義家の五男）—源義朝《よしとも》の苗裔のことである。具体的には、（a）足利系（源義国—足利義康《よしやす》流）・（b）新田系（源義国—新田義重《よししげ》流）、（c）吉見《よしみ》氏らである。従来は（a）足利系のみが一門とされてきたが、直近、一門の定義が厳密に再検討された結果、（b）新田系もはじめから一門であったこと、（c）吉見氏らは南北朝期に一門化したことが明らかとなった。同時に、（b）新田系を非一門かのように錯覚してしまうのは、主に『太平記《たいへいき》』という物語（フィクション）に由来していることも明らかにされ、このような見方は、現在、「太平記史観」として厳しく批判・反省されている。

なお、室町期の東国の場合、石塔《いしどう》・一色・今川・加《か》子《こ》・畠山・桃井《もものい》・仁木《にっき》・小俣《おまた》氏ら足利系、岩松・鳥《とり》山《やま》・田中《たなか》・世良田《せらだ》・里見・山名・大館《おおだち》・大島《おおしま》・江田《えだ》・田島《たじま》・徳川《とくがわ》・額田《ぬかだ》・堀口《ほりぐち》・西谷《にしのや》・朝沢《あさざわ》・宮田《みやた》・堀内《ほりうち》・村田《むらた》・綿打《わたうち》氏など新田系、そして吉見氏といった一門の存在・活動が知られている。

⑤非一門は、上記以外の全員のことである。室町期の東国の場合、上杉氏（管領クラス）や、佐竹・千葉・小山・結城・長沼・宇都宮・小田・那須・大掾・三浦氏（大名・守護クラス）などがそれにあたる。なお、上杉氏は足利氏の外戚《がいせき》であったがゆえに一門と錯視されることもあったが、一門の定義に関する検証が進んだ結果、明確に非一門であったことが解明された。

彼ら非一門は実力を持っていた。だが、権威は一門には及ばなかった。足利の血統を有する者が貴種とみなされる世界、これが中世後期の身分秩序だったのである。

（谷口）

岩松氏の墓◆岩松氏は足利一門であり、室町時代は上杉禅秀の乱で禅秀に与するなど、公方と敵対することもあった　群馬県太田市

足利氏御廟跡◆発掘調査により、基壇の上に10基の五輪塔が並び、瓦葺きの覆屋が建てられていたことがわかっている。また、周辺から出土した瓦には「応永二十年」と記すものがあり、足利持氏によって先祖の廟所が整備されたと考えられている　栃木県足利市・樺崎寺跡

足利氏の家紋

視点 公方御所はどこにあったのか？

鎌倉公方の御所は、都市鎌倉の北東、六浦《むつら》街道ぞいにあった。その場所は、もともと鎌倉時代に足利氏が鎌倉幕府へ出仕するときの拠点として、都市鎌倉に設けた居館に由来するものである。

鎌倉公方の御所は、たとえば『大北斗法雑記《だいほくとほうざっき》』に「明徳二年五月八日、於武衛《(足利氏満)》御第号大倉殿被修之」と表記される。二代鎌倉公方足利氏満の居館は〝大倉殿《おおくらどの》〟と呼称されていたのである。鎌倉幕府の後継者であることを含意する尊称なのだろう。公方御所が、旧鎌倉幕府の大倉御所跡にあったのではあるまい。

『鎌倉年中行事』には、本来あるべき姿としての公方御所の描写がある。それによると、敷地には御築地《ついじ》をめぐらし、南側には大御門と小門を設けた。また西側と東側にも御門を設けたが、北側は山塊がせまっているため八幡を勧《かん》請《じょう》して上ノ八幡宮と呼んだ。そして敷地内には、御主殿（御座、御帳台、御寝所）、御寝殿、御評定所、御遠侍、御厩、東御台屋《(対)》、西御台屋《(対)》、御台所、などの建造物を設けるべきとする。そしてこれら建造物の作事は、関東管領をはじめとする東国武家が、それぞれ負担箇所を決めて築造すべきとしている。

鎌倉公方の御所は、西側が浄妙寺（鎌倉五山・第五位）と隣接していた。浄妙寺は、鎌倉時代に足利義兼《よしかね》が創建したと伝えられる寺院である。都市鎌倉における足利氏の拠点は、すでに鎌倉時代から居館と寺院が一体的空間として機能していたと思しい。

室町時代の浄妙寺鐘楼《しょうろう》には、下野国の天命《てんみょう》鋳物師《いもじ》が鋳造した梵鐘《ぼんしょう》が架けられていた。その梵鐘は、永徳二年（一三八二）、小山義政の乱時に鎌倉府勢が軍陣をおいた下野国佐野荘堀籠の天宝寺《てんぽうじ》から運び出され、戦勝品として奉納されたものであった。浄妙寺の梵鐘の音は、隣接する公方御所に出仕した東国武家に、小山義政の乱の記憶と鎮魂を想起させたことであろう。なお、この梵鐘は、のちに小《お》田原《だわら》合戦のとき房総里見氏によって持ち去られ、現在は日《に》本寺《ほんじ》（千葉県鋸南町）にある。

都市鎌倉の足利氏居館は、鎌倉府の庁舎そのものであった。しかし、戦災・火災などによる損傷・焼失によって使用できない場合もあった。

たとえば鎌倉幕府滅亡時、足利千寿王《せんじゅおう》（のち義詮）は永《よう》福寺《ふくじ》別当坊に御座をかまえたと軍記物は描く。また建武政権期、足利直義は成良親王を二階堂貞綱《さだつな》の屋敷に置いて鎌倉将軍府を主導したという。さらに中先代の乱時、足利尊氏は浄光明寺《じょうこうみょうじ》を居所としたが、若宮大路《わかみやおおじ》に新居所を建設しようと企図していたとされる（『梅松論《ばいしょうろん》』）。これら一連の描写は、鎌倉幕府滅亡時、都市鎌倉の足利氏居館が、政庁としての機能を果たせない状況にあったことを暗喩している。

鎌倉公方御所の火災・戦災の記録は、室町時代にもみえる。たとえば応永十四年（一四〇七）八月、三代足利満兼は御所火災のため宍戸《ししど》遠江入道邸に身を寄せたという（生《いく》田本《たぼん》『鎌倉大日記《かまくらおおにっき》』）。また応永二十四年、四代足利持氏は、上杉禅秀の乱後しばらく浄智寺（鎌倉五山・第四位）に逗留したと軍記物は描く。修繕や改修の必要があったためであろう。そして公方御所は、応永三十二年八月にも大規模な火災にあったようである（『看聞日記《かんもんにっき》』）。

しかし、これらの記事はあくまでも変則的・短期的な御座所の描写である。特殊事例ゆえ、かえって記述が残されたとみるべきであろう。鎌倉公方の御座するところすべてを御所とみなしてしまうと、事の本質がみえなくなる。公方御所とは、政庁機能をもち、政治と儀礼が恒常的に行われる空間に限定すべきである。方違の行先や、出行先の諸武家邸は、鎌倉公方が御座していようとそうした機能がないからである。鎌倉公方の御所は、都市鎌倉における鎌倉時代以来の足利氏居館に由来する場所に限定するのが穏当であろう。

公方御所の機能移転の事例として掲げるべきは、観応の擾乱後、初代足利基氏が武蔵国入間川陣（埼玉県狭山市）に拠点をすえた文和二年（一三五三）～貞治元年（一三六二）である。まさに政庁機能が移転したからである。

足利公方邸旧蹟の碑◆かつての公方御所故地の一角に立つ。碑文は、基氏以降、鎌倉公方の御所であったことや成氏が古河に移り廃墟になったことなどを記す　神奈川県鎌倉市

また、武蔵国府中の高安寺《こうあんじ》（東京都府中市）は、鎌倉公方が出陣したさい、東国武家が参集する場としての機能を有していた。高安寺は、そうした意味で注目される施設である。

その後、鎌倉の足利氏居館は享徳四年（一四五五）、享徳の乱にともない室町幕府勢の駿河守護今川範忠《いまがわのりただ》が都市鎌倉を統制下においたことで終焉を迎える。五代足利成氏は、相模国鎌倉から下総国古河（茨城県古河市）へ拠点を移し、鎌倉に戻ることはなかったからである。

江戸時代になると、鎌倉公方の御所跡は地誌書にその記憶が採集された。たとえば『新編鎌倉志《しんぺんかまくらし》』には、芝野《しばの》となった「公方屋敷」の風景図像が描かれている。同書は貞享二年（一六八五）刊行である。また『新編相模国《しんぺんさがみのくに》風土記《ふどき》稿《こう》』にも「公方屋輔」の項目がたてられている。同書は天保十二年（一八四一）完成である。

現在、公方御所跡には、故地の一角に〝足利公方邸旧蹟〟の石碑が建立されているのみで、残念ながら往時を偲ぶことはむずかしい。

（杉山）

浄妙寺◆足利氏ゆかりの寺院で、この浄妙寺に隣接して公方屋敷があったといわれる。現在、浄妙寺から六浦方面に進んだ先に公方屋敷跡の碑が立つ　神奈川県鎌倉市

第3部　鎌倉府を揺るがした合戦・政争

『太平記絵巻』芳賀兵衛入道軍事◆岩殿山合戦の主役である芳賀禅可の戦いの様子を描いている　国立歴史民俗博物館蔵

01

薩埵山合戦《さったやまかっせん》——観応の擾乱が最終局面を迎える

室町幕府初代将軍足利尊氏の弟・直義と、尊氏の執事・高師直《こうのもろなお》の政治対立に端を発する観応《かんのう》の擾乱《じょうらん》は、全国各地を巻き込みながら長期化し、尊氏・師直対直義の構図となっていく。

貞和五年（一三四九）に足利基氏が鎌倉公方として下向すると、高師冬《もろふゆ》と上杉憲顕《うえすぎのりあき》が執事として基氏を支える体制となった。だが、観応の擾乱の影響で、観応元年（一三五〇）十二月に直義派だった憲顕の子・能《よし》憲《のり》が常陸国信太荘《しだのしょう》（茨城県稲敷郡）で蜂起し、憲顕も鎌倉から上野国に移り、尊氏派だった師冬包囲網を強めた。

危機感を抱いた師冬は、基氏を伴って鎌倉から逃亡するも、相模国毛利《もうり》荘湯山《ゆやま》（神奈川県厚木市）で直義派の一色《いっしき》・加子《かこ》・石塔《いしどう》氏らによって基氏を奪還されてしまう。窮した師冬は甲斐国須沢《すざわ》城（山梨県南アルプス市）に籠城したが、上杉憲顕の子・憲将《のりまさ》によって包囲され、自害して果てた。これによって鎌倉を中心とする東国は直義派が優勢となっていく。

一方、畿内でも尊氏と直義の争いが激化し、観応二年二月には摂津国打出浜《うちではま》（兵庫県芦屋市）で両者は激突し、激戦のすえ直義方が勝利した。両者は高師直・師泰《もろやす》兄弟の出家を条件に講和するが、京都に戻る途中、摂津国鷲林寺《じゅうりんじ》（同西宮市）で師直・師泰をはじめとする高一族が上杉重季《しげすえ》によって惨殺されてしまう。

帰京した尊氏・直義らは再び共同して政務をおこなうが、信頼する高一族を殺害された尊氏の怒り・失望は隠せず、やがて子息義詮とともに直義の孤立化・追い落としを図っていく。そして、両者の緊張感は最高潮を迎え、危機を悟った直義らは八月一日に京都を脱出し、地盤である北陸・信濃を経て、上杉憲顕らが待つ鎌倉へと向かった。

　これに対し、背後の脅威を取り去るため、尊氏は南朝と和議《わぎ》を結び（正平《しょうへい》の一統《いっとう》）、直義を討つため十一月四日に京都を発ち、仁木頼章《にっきよりあき》・同義長《よしなが》・畠山国《はたけやまくに》清《きよ》・千葉氏胤《ちばうじたね》・武田信武《たけだのぶたけ》らを率いて東国へと出陣する。同月二十六日には遠江国懸川《かけがわ》（静岡県掛川市）、二十九日には駿河国薩埵山（静岡市清水区）まで進出し、同所で籠城したところ、駿河守護今川範国《いまがわのりくに》らも尊氏方に加わった。

　一方、直義は伊豆国府《こくふ》の三島《みしま》（静岡県三島市）に本陣を構え、十二月十一日の駿河国蒲原《かんばら》（静岡市清水区）の戦いで尊氏方を破り、薩埵山を包囲するなど、当初

騎馬武者像◆足利尊氏像といわれてきたが、近年では尊氏の執事である高師直、または師直の子・師詮との説も出ている。その一方で、尊氏説も再度出されるなど確定していない。観応の擾乱という視点からみると、直義と対立した尊氏とも師直とも考えられ、興味深い　京都国立博物館蔵

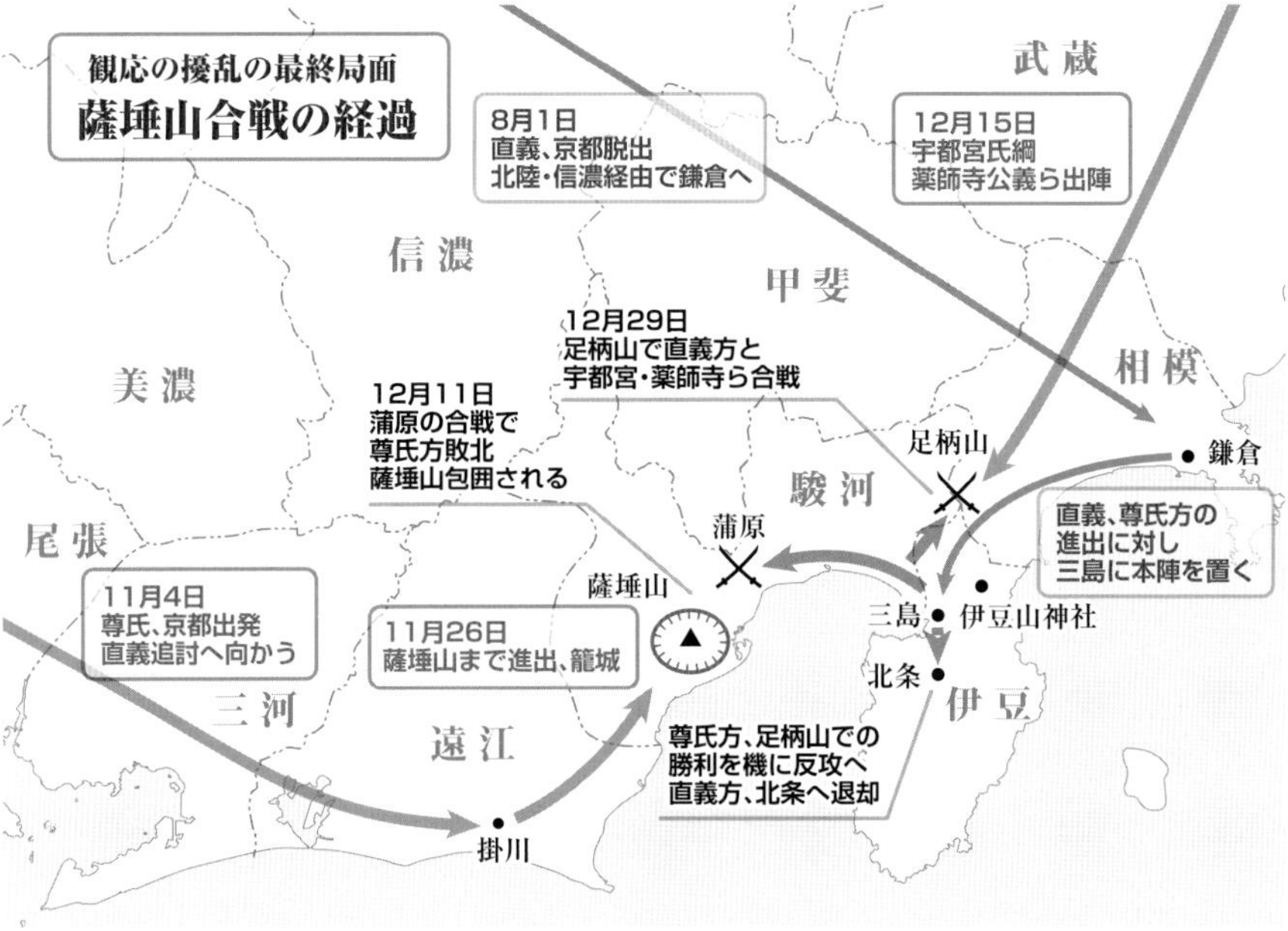

は戦いを有利に進めていたようだ。

だが、直義方の背後には脅威が迫っていた。尊氏方の宇都宮氏綱《うつのみやうじつな》・薬師寺公義《やくしじきんよし》ら下野勢らが挙兵し、十二月十五日に宇都宮（宇都宮市）を出陣したのである。氏綱らは上野・武蔵の各地で直義方を撃破、味方を増やしながら進軍し、二十九日に相模国足柄山《あしがらやま》（神奈川県南足柄市）で直義軍を破った。これにより、直義方の薩埵山包囲網は崩壊し、形勢が逆転する。なお、同じくこの日、甲斐でも尊氏派の守護小笠原政長《おがさわらまさなが》が直義派の武田上野介《こうずけのすけ》を破り、尊氏方の優勢が決定的となった。

息を吹き返した尊氏方は、仁木義長勢が伊豆国府に打って出ると、直義は北条《ほうじょう》（静岡県伊豆の国市）に退却、上杉憲顕も相模に退いたのち、信濃に没落した。さらに、尊氏は翌年正月一日に伊豆国府で宇都宮氏綱らと合流すると、伊豆山《いずさん》神社（同熱海市）に退いていた直義に勧告の使者を送り、ついに直義は降伏する。

尊氏は直義を伴い、正月五日に鎌倉に入った。長きにわたった観応の擾乱は、尊氏方の勝利で幕を閉じたのである。直義は足利氏ゆかりの浄妙寺《じょうみょうじ》境内にあった延福寺《えんぷくじ》に幽閉され、二月二十六日に死去した。

なお、前日の二十五日には基氏が十三歳で元服し、以後、鎌倉府は基氏およびその子孫たちによって担われていくのである。

（編集部）

薩埵峠からの眺望◆交通の要衝として知られ、軍事的にも重要な場所であった。本項で取り上げた合戦の他、戦国時代にも武田信玄と今川氏真・北条氏政の軍勢が合戦をしている　静岡市清水区

永徳3年3月26日付け足利氏満御教書◆武蔵国の別府幸直に対し、足利直義（大休寺殿）の33回忌の費用の割り当てを命じたもの。鎌倉府（公方）と直義との関係を考えるうえで興味深い文書である　東京大学史料編纂所蔵

足利直義の墓◆浄妙寺裏手のやぐらに所在する。直義の墓の他、数多くの宝篋印塔が並ぶ。墓所は近年整備され、見学しやすくなっている　神奈川県鎌倉市・浄妙寺

02 武蔵野合戦《むさしのかっせん》――南朝方が大規模反乱を起こす

薩埵山の合戦後、観応三年（一三五二）二月二十六日に足利直義が死去し、観応の擾乱は足利尊氏方の勝利で幕を閉じた。これをうけ、関東でも平和が現出すると思われたが、直義党の中心メンバーだった上杉憲顕は反尊氏の意向を強くし、争いの火種が消えることはなかった。

このような幕府内の動揺の間隙を突き、同年閏二月十五日、関東の南朝方の旗手で、新田義貞《にったよしさだ》の遺児の新田義興《よしおき》・義宗《よしむね》兄弟が上野国で挙兵し、鎌倉奪還を目指して南下を始めた。新田軍には、義興・義宗の従兄弟・脇屋義治《わきやよしはる》や、中先代《なかせんだい》の乱《らん》で破れ南朝方に降っていた北条時行《ときゆき》らのほか、旧直義党のメンバーも加わっていたとされる。また、同時に信濃では、後醍醐天皇《ごだいごてんのう》の皇子《みこ》・宗良親王《むねよししんのう》とそれを支える諏訪直頼《すわなおより》らも挙兵し、尊氏方をおおいに悩ませた。

義興・義治・時行らの軍勢は、十六日には武蔵に討ち入り、早くも十八日には鎌倉を占拠した。義興の軍勢は、つづけて三浦半島も制圧している。一方の尊氏方も、十九日には武蔵に着陣し、二十日、義宗の軍勢と金井原《かないはら》（東京都小金井市）や人見原《ひとみはら》（同府中市）で激戦を展開したが、敗れて武蔵国石浜《いしはま》（場所については諸説あり）に逃走する。

態勢を立て直した尊氏は、二十五日に石浜を発ち、義宗軍に雪辱を果たすため、武蔵国府中（東京都府中市）に進軍する。一方、義宗軍は同国笛吹《ふえふき》峠（埼玉県鳩山町・嵐山町）に布陣し、ここに信濃から出撃した宗良親王の軍勢と、上杉憲顕らが合流した。

そして二十八日、両軍は高麗原《こまがはら》（埼玉県日高市）・入《いる》間河原《まがわら》（同狭山市）・小手指原《こてさしはら》（同所沢市）で激突し、尊氏方が勝利。破れた義宗と憲顕は越後方面へ、宗良

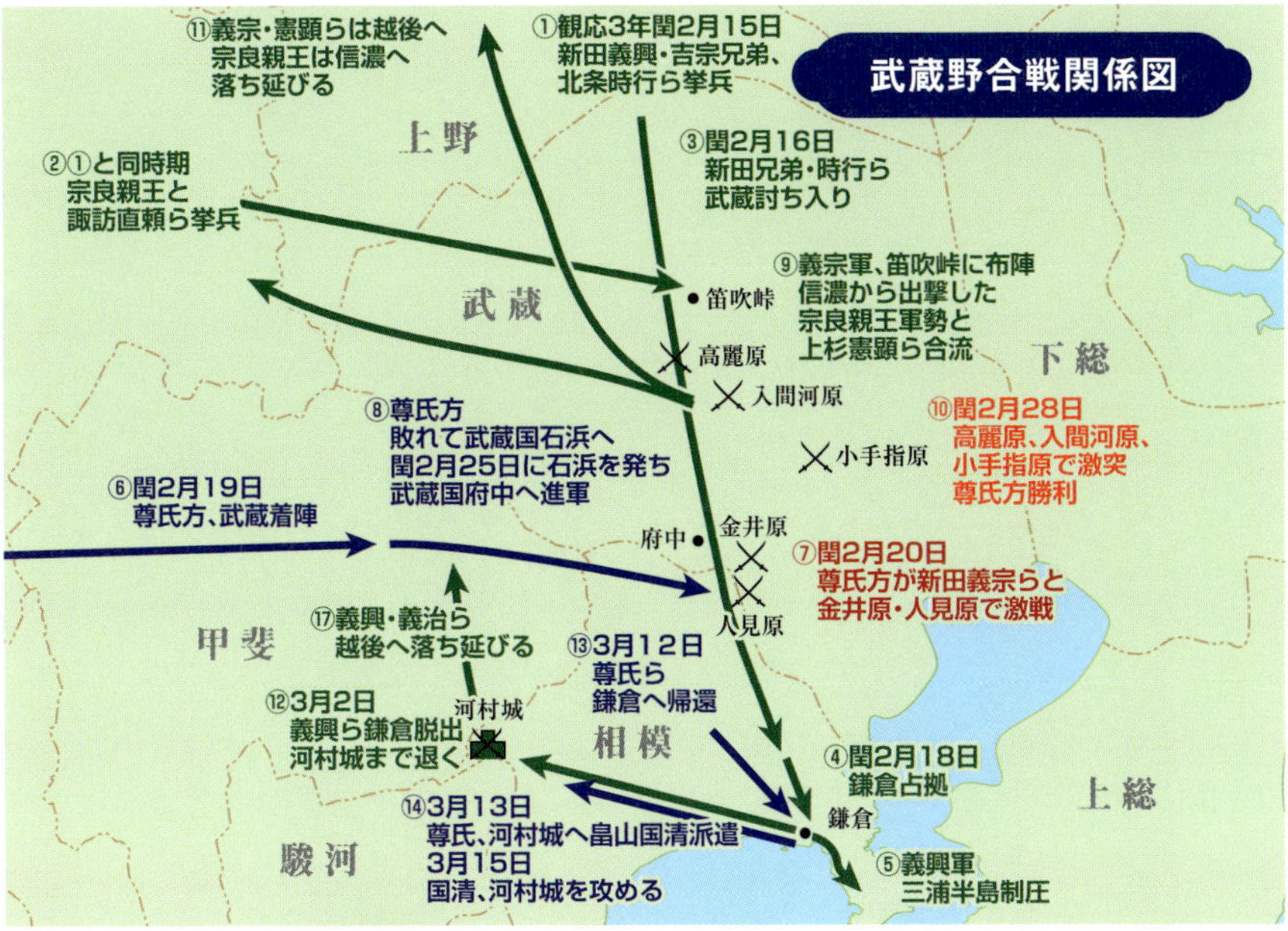

新田義宗木像◆御神体として祀られる衣冠姿の像である。通常は非公開　群馬県沼田市・白佐波神社蔵　画像提供：沼田市教育委員会

親王は信濃方面へと落ち延びていった。

二十八日の義宗らの敗戦を知ると、鎌倉を占拠していた義興らの軍勢は、退勢を悟ったのか三月二日には鎌倉を脱出し、南朝方の河村《かわむら》氏の居城・河村城（神奈

新田氏略系図

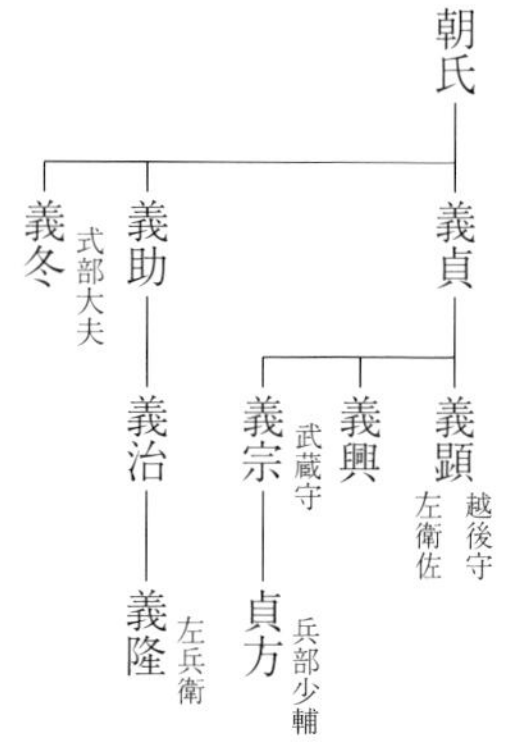

川県山北町）まで退き、籠城した。これをみた尊氏は相模に出陣するも、深追いはせず、十二日には鎌倉に帰還している。

そして十三日、尊氏は二月二十五日に十三歳で元服《げんぷく》した子の鎌倉公方・基氏の「沙汰始《さたはじめ》」（政務始め）をおこない、河村城には畠山国清を派遣した。国清は、早くも十五日に河村城を攻めているが、義興らもよく守ったようで、なかなか落とせず、義興と義治はやがて越後に落ちていったとされる。なお、北条時行は河村城には同行せず、再び姿をくらましたが、尊氏方に捕らえられ、文和二年（一三五三）に龍ノ口《たつのくち》（神奈川県藤沢市）で処刑されたという。

このように、危機を脱した尊氏は文和二年七月までは関東に滞在し、基氏を補佐して鎌倉府の安定化に努めていく。そして、基氏の執事（のちの関東管領）には尊氏の信任の厚い畠山国清が任命され、尊氏が上洛すると基氏と国清を中心に鎌倉府の政務が担われていくこととなった。

さて、一時は鎌倉を陥れ、尊氏方を窮地に追い込んだ義興らの挙兵だったが、徐々に勢いを失っていく。このの ち、延文三年（一三五八）四月に足利尊氏が死去すると、好機と捉えた義興は鎌倉奪還をめざして挙兵するが、畠山国清の働きによって武蔵国矢口（場所については諸説あり）で殺害された。

これ以後、義宗らが散発的に蜂起を試みるも、もはや大規模な反乱を展開する余裕はなく、関東における南朝方の反抗は徐々に下火になっていった。（編集部）

新田義興怨霊◆錦絵に描かれた新田義興。義興の怨霊によって苦しめられた武将も多かったといわれている　府中市郷土の森博物館蔵

新田神社◆新田義興を祭神とする。新田氏に関係の深い神社である　東京都大田区

版本に描かれた宗良親王◆尊氏方を苦しめた宗良親王の姿を描く　『英雄百首』　当社蔵

03

畠《はた》山《けやま》国《くに》清《きよ》の乱《らん》――迫る、尊氏派没落のとき

　延文三年（一三五八）四月に足利尊氏が死去し、十二月に第二代将軍として義詮が就任すると、義詮は活発な活動をつづける畿内の南朝方を討伐すべく、諸国に軍勢招集の命を発した。

　これは東国も例外ではなく、翌四年二月七日、足利基氏は波多野《はたの》・金子《かねこ》・高麗《こま》・別苻《べっぷ》らの諸氏に軍勢催促状を送り、畿内への出兵を命じている。なお、このときの東国勢の畿内への出兵は、東国ではなく京都に政治的意識が向いていたとされる畠山国清による強要と考えられることも多い。しかし、軍勢催促状《ぐんぜいさいそくじょう》が宛てられた諸氏は尊氏の死去にともなって出家していることが明らかになっており、旧尊氏党の社会的連帯性にも注目する必要があると指摘されている。

　さて、東国勢の上洛が現実味を帯びたのは同年十月のことで、京都では畠山国清が大軍を率いて上洛してくると噂されている。ただし、当初から東国武士たちの足並みはそろわなかったようで、遅参するものが続出し、畠山国清は尾張国熱田《あつた》（名古屋市港区）で七日間も遅参者を待つありさまだった。結局、国清は東国勢の到着を待ちきれず、十一月六日に京都に入っている。

　国清率いる東国の軍勢が、南朝軍を攻めるべくようやく河内国に発向したのは、暮れも押し迫った十二月下旬のことだった。翌年から本格化した戦闘では順調な成果を挙げたが、もとより出兵に積極的ではなかった東国武士たちの厭戦感《えんせんかん》は否定すべくもなく、烟田時幹《かまたときもと》は常陸鹿島《かしま》社（茨城県鹿嶋市）の祭礼への参加を理由に途中で帰国してしまっている。

　また、このときの軍事行動をめぐって、幕府内で細《ほそ》川清氏《かわきようじ》と仁木義長が対立すると、国清は清氏に協力し

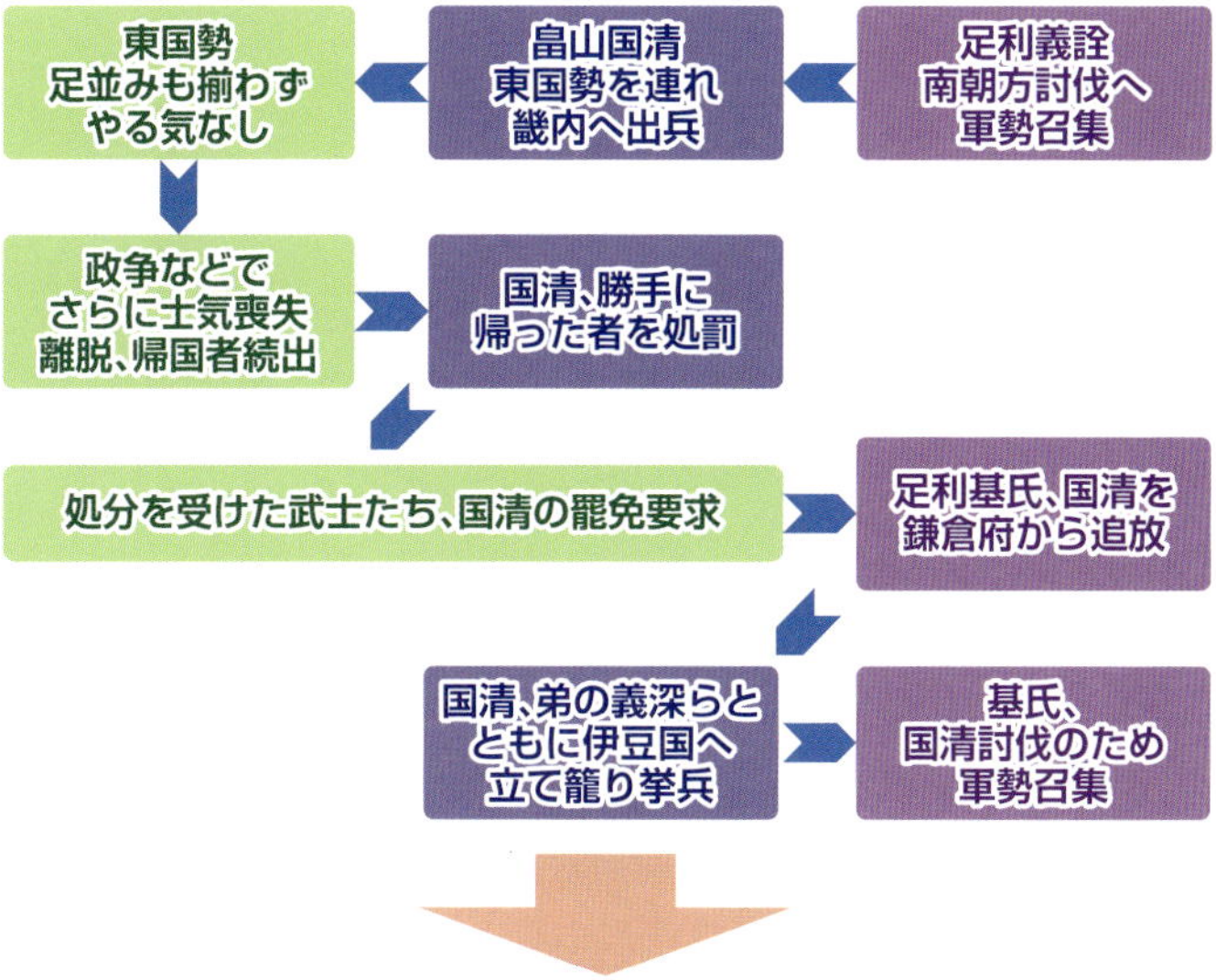
足利義詮
南朝方討伐へ
軍勢召集
畠山国清
東国勢を連れ
畿内へ出兵
東国勢
足並みも揃わず
やる気なし
政争などで
さらに士気喪失
離脱、帰国者続出
国清、勝手に
帰った者を処罰
処分を受けた武士たち、国清の罷免要求
足利基氏、国清を
鎌倉府から追放
国清、弟の義深らと
ともに伊豆国へ
立て籠り挙兵
基氏、
国清討伐のため
軍勢召集

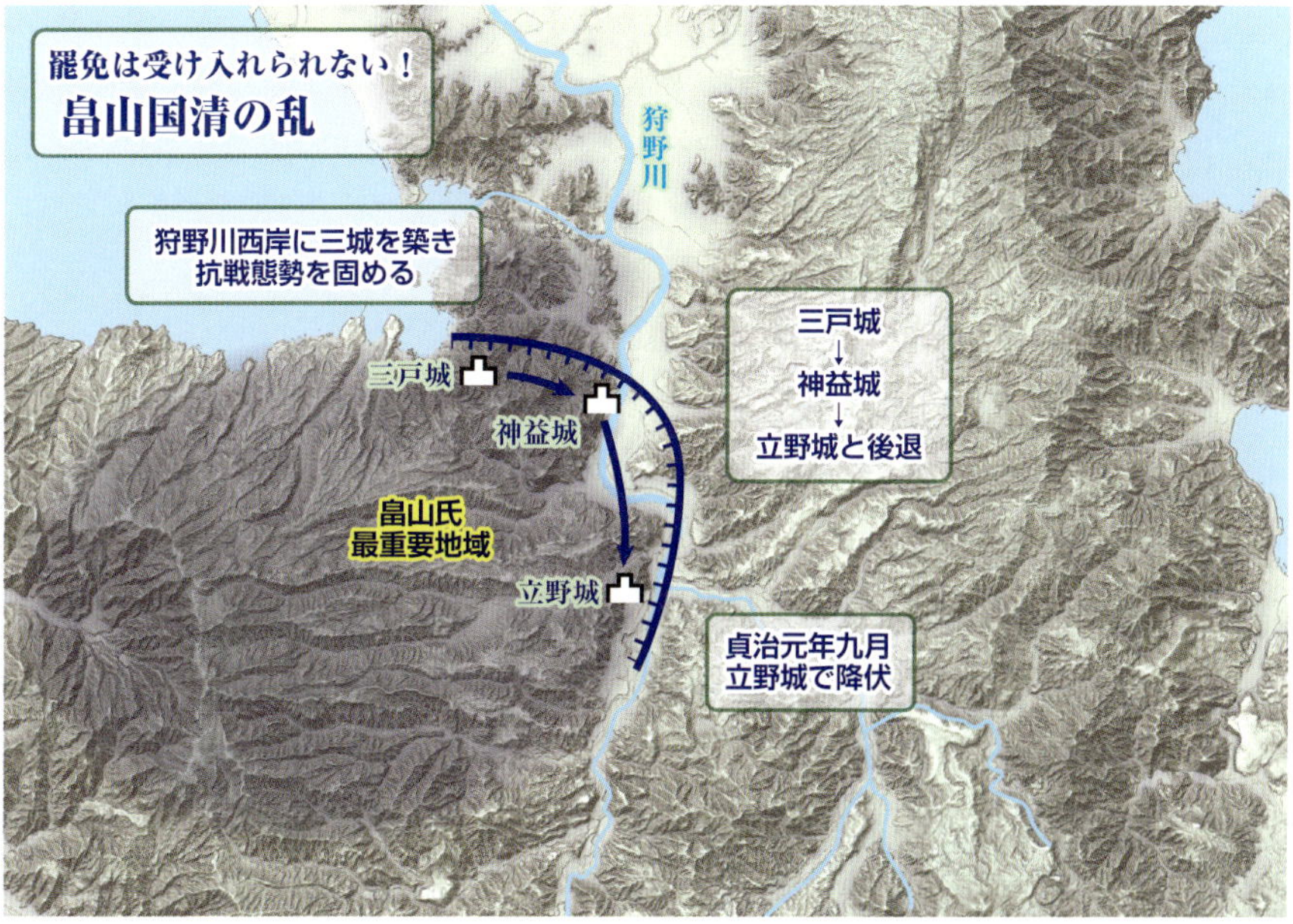
罷免は受け入れられない！
畠山国清の乱
狩野川
狩野川西岸に三城を築き
抗戦態勢を固める
三戸城
神益城
畠山氏
最重要地域
立野城
三戸城
↓
神益城
↓
立野城と後退
貞治元年九月
立野城で降伏

て積極的に政治抗争に関わり始める。このような国清の姿に嫌気がさした東国武士たちは、戦線を離脱して東国へ帰国したため、国清も東国へ戻らざるをえなくなってしまう。

国清は東国に戻ると、勝手に帰国した東国武士たちの責任を追及し、所領没収などの強硬手段に出たが、裏目に出る。東国武士たちは足利基氏に対し集団で国清の罷免《ひめん》を要求したのだった。結局、基氏はこの要求を受け、国清を鎌倉府から追放した。

だが、国清もただでは転ばない。守護をつとめていた国の一つ、伊豆国に立て籠もり、弟の義深らとともに挙兵したのである。これに対し、足利基氏は康安元年（一三六一）十一月に東国の諸氏を軍勢催促し、出兵の準備を進めた。

基氏方の進攻が本格的に始まったのは翌貞治元年（一三六二）になってからで、国清は三戸《みと》城・神益《かみやまし》城（いずれも静岡県伊豆の国市）・立野《たちの》城（同伊豆市）の三ヶ城を構築して、守りを固めた。以上の三ヶ城は、いずれも伊豆国北中部を流れる狩野《かの》川の左岸に位置する経済的・宗教的に重要な場所で、伊豆のなかでも畠山氏の政治的影響力が強くおよぶ領域だったことが指摘されている。

戦線は、北から南へ三戸城→神益城→立野城の順に移り、国清軍もよく戦ったが、立野城での抵抗を最後に、国清は貞治元年九月に降伏したとみなされている。これ以後の国清の動静は不明だが、畠山国清の乱は国清の被官で伊豆国守護代だった遊佐《ゆさ》氏が箱根（神奈川県箱根町）で殺害されたことで幕を閉じた。

なお、国清の弟・義深も国清とともに降伏し、しばらく逼塞していたが、のちに許され、貞治五年には越前国守護職に補任され、復権した。また、義深の子・基国《もとくに》は、復権した義深の名代《みょうだい》としてしばらく関東で活動していたが、やがて上洛し、応永五年（一三九八）六月には室町幕府の管領に就任するなど、幕府の重鎮となっていった。

ちなみに、義深・基国父子は幕府内で諸事に慎重な行動を取っており、その背景には畠山国清の乱での没落経験が影響していたと考えられている。（編集部）

城山と狩野川◆国清の拠点となった神益城の一角。弟の義深とともに基氏軍に抵抗した　静岡県伊豆の国市

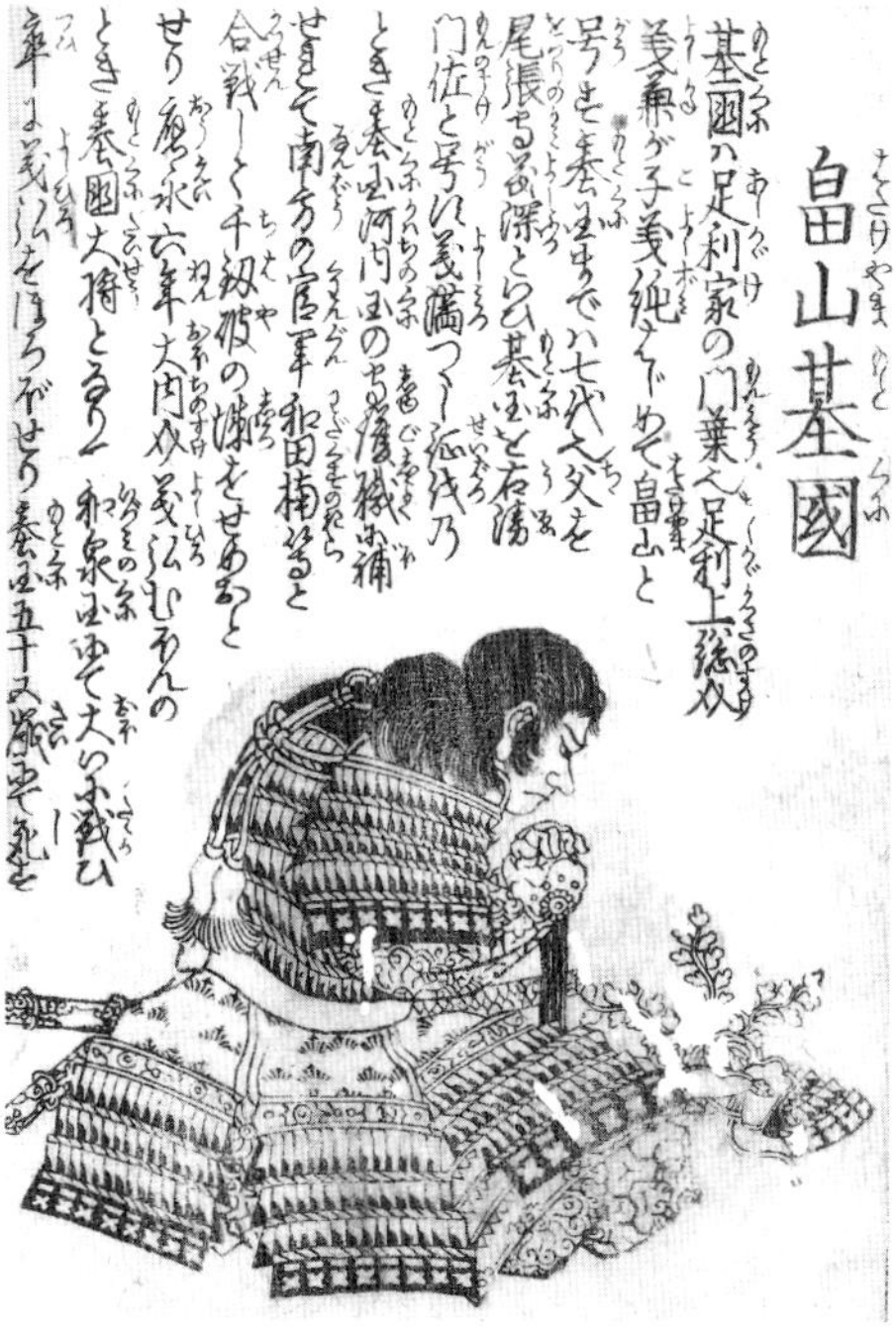

版本に描かれた畠山基国◆畠山氏のなかで初めて幕府の管領になった人物である。越前・越中・能登・河内・山城・紀伊など各国の守護を歴任するなど、幕府内で重要な役割を担った　『百将伝』　当社蔵

畠山氏略系図

04
岩殿山合戦《いわどのやまかっせん》——反上杉憲顕派を粉砕する

貞治元年（一三六二）の畠山国清の乱で、国清が失脚し没落すると、関東執事に高師有《もろあり》が任じられた。しかし、師有も翌二年二月頃には退任したとされる。

その結果、後任として選ばれたのが、旧足利直義党の重鎮・上杉憲顕であった。薩埵山合戦で直義方が敗北し、直義が死去した後、憲顕は室町幕府・鎌倉府と対立し、武蔵野合戦でも新田義宗とともに足利尊氏軍と戦い敗れると、信濃等に潜んでゲリラ的な活動をおこなっていたとされる。

貞治元年六月には憲顕が宇都宮氏綱に代わって越後守護に任じられ、政界復帰を果たすと、将軍義詮・鎌倉公方基氏双方の要望により、貞治二年七月に関東執事（のちの関東管領）に就任した。

一方、以上のような一連の流れを快く思わないものたちも当然いた。たとえば、憲顕に越後守護を奪われた宇都宮氏綱の重臣で、越後守護代をつとめていた芳《は》賀《が》高貞《たかさだ》・高家《たかいえ》兄弟の父・禅可《ぜんか》（高名《たかな》）である。芳賀氏は、宇都宮や鎌倉で活動していた氏綱に代わって高家が実質的に越後の統治をおこなっていたので、反発するのも当然だろう。

挙兵した芳賀氏は越後で憲顕方と数度戦って敗れるが、鎌倉に戻ろうとする憲顕と一戦を交えようと、宇都宮氏が守護をつとめる上野国板鼻《いたはな》（群馬県安中市）へと向かう。禅可ら芳賀氏の進軍の報を聞いた基氏は、八月二十日に鎌倉を発ち、平一揆《へいいっき》・白旗《しらはた》一揆等を率いてみずから武蔵国岩殿山（埼玉県東松山市）へと出陣した。

八月二十六日に両軍は激突し、基氏方の圧勝に終わった。なお、このとき禅可はすでに宇都宮（宇都宮市）に戻っており、実際の戦闘は子の高貞・高家兄弟が中心だったともされる。

基氏軍は残党狩りを進めながら宇都宮をめざして北上した。そして、下野国小山《おやま》（栃木県小山市）に入ったところ、宇都宮氏綱が謝罪に訪れ、自身はいっさい関与していないと弁明するとともに、禅可が出奔《しゅっぽん》したことを伝えている。基氏もそれ以上の追及はせず、合戦は終結を迎えた。

だが、どうやら基氏は当初より、芳賀氏ではなく宇都宮氏自体を攻撃しようとしていたのではないかとも考えられている。というのも、宇都宮氏はもともと尊氏派で、薩埵山合戦後の鎌倉府を支えていた中心メンバーであった。だが、旧直義党だった上杉憲顕が鎌倉府の中枢に復帰するとなると、軋轢《あつれき》が生じるのは想像にかたくない。

また、岩殿山合戦の本質は、薩埵山合戦以来続いてきた鎌倉府内の「一門・譜代被官系」と「関東武士系」

芳賀高名（禅可）画像◆芳賀高久の子で、楠木正成と対峙した千早城の戦いでの武功がよく知られている。その後、主である宇都宮公綱が南朝方に属したため、公綱の子・氏綱を擁して北朝方に付き、薩埵山合戦での勝利に貢献した。武人像と法体像が入り混じる折衷的な肖像画とされる　栃木県真岡市・海潮寺蔵　画像提供：栃木県立博物館

芳賀氏累代の墓◆芳賀氏は宇都宮氏の重臣で、高名の父・高久は宇都宮景綱の子であったが芳賀氏に養子入りするなど、両家の関係は深かった。岩殿山合戦での敗退により一時力を失うが、小山義政の乱等でも宇都宮氏に従軍している　宇都宮市・同慶寺

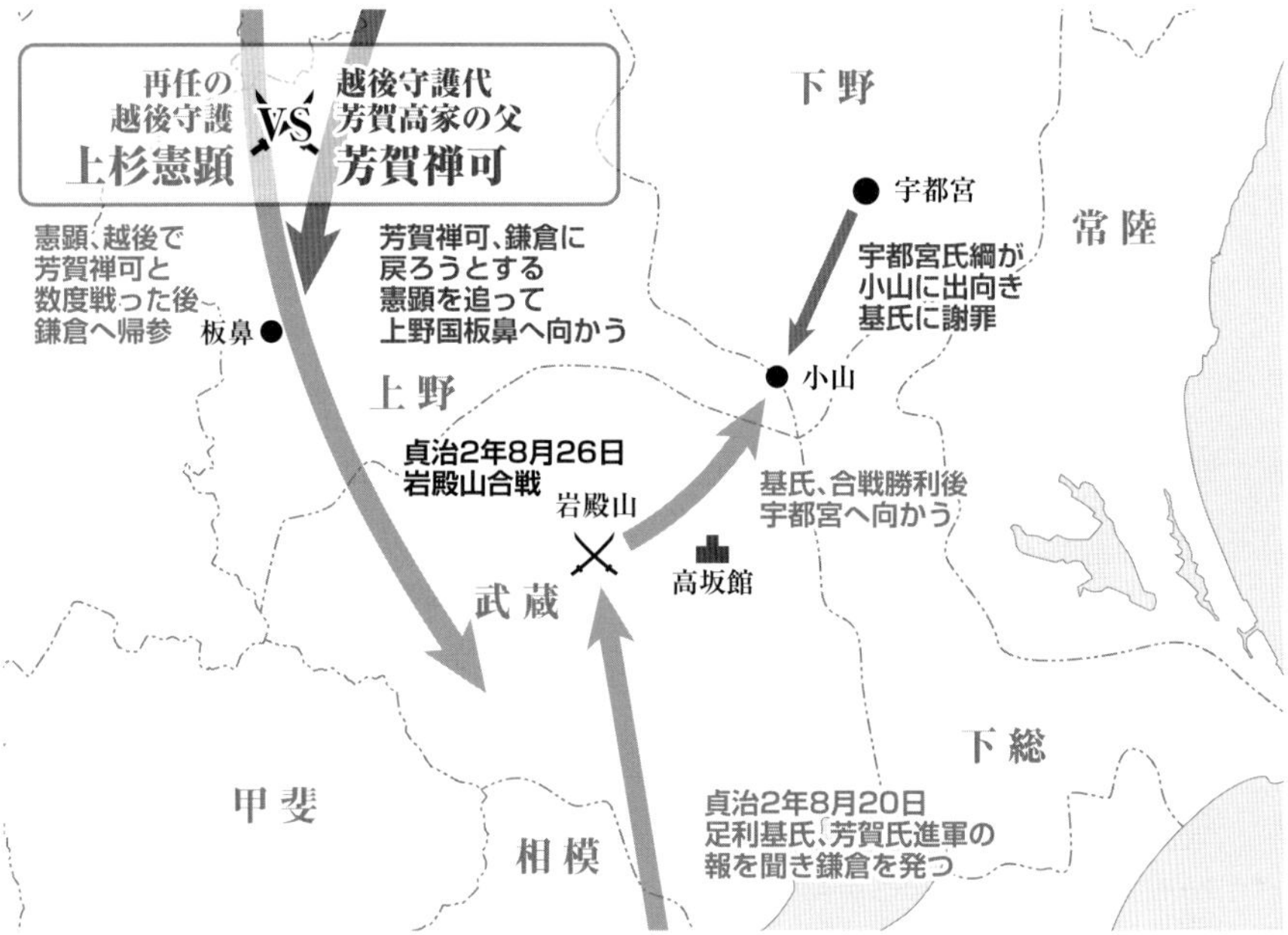

との対立を背景に、「一門・譜代被官系」の上杉憲顕が復帰することに対し、「関東武士系」が反発したことにより起こったとも理解されている。

たしかに、基氏は薩埵山合戦以降の鎌倉府を支えてきた宇都宮氏などの「関東武士系」の面々を遠ざけ、上杉氏など「一門・譜代被官系」のものを政権の中枢に置こうとする動きを加速させている。たとえば、岩殿山合戦後の九月には宇都宮氏綱の上野守護職を没収して上杉憲顕に与えているし、翌年には上総の千葉氏《ちばうじ》胤《たね》、相模の河越直重《かわごえなおしげ》がそれぞれ守護職を失っており、岩殿山合戦をきっかけとして、鎌倉府の再編が進んでいったのである。

（編集部）

宇都宮貞綱・公綱の墓◆岩殿山合戦で基氏と対立した氏綱の父公綱は、足利尊氏方として活動することもあったが、尊氏が九州へ没落後は一貫して南朝方として戦っており、子の氏綱とは異なる政治的立場を取った　宇都宮市・興禅寺

足利基氏の塁跡◆岩殿山合戦で基氏が布陣した場所とされ、現在、堀跡・土塁などが残っている。合戦に際して築かれたものではなく、すでに存在していた在地領主の館を転用したものであろうか　埼玉県東松山市

正法寺◆寺伝では、平安時代に桓武天皇の勅命によって建立されたとされ、岩殿山に鎮座する。周辺には中世の石造物が多く分布し、当時の隆盛ぶりがうかがえる　埼玉県東松山市

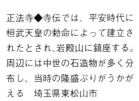

05 平一揆《へいいっき》の乱《らん》——足利氏—上杉氏体制が確立する

初代鎌倉公方足利基氏が死去した翌年の応安元年（一三六八）二月、河越直重を中心とする平一揆が河越館（埼玉県川越市）に立て籠もり、挙兵した。

平一揆は、武蔵国秩父《ちちぶ》平氏と相模国中村《なかむら》氏系平氏を軸に、その他の平氏や周辺諸氏が加わって結成された一揆である。武蔵国衙《こくが》の最も有力な一族で、武蔵国留《る》守所惣検校職《すどころそうけんぎょうしき》をつとめた河越氏が、リーダーと目される。彼らは当初、それぞれの所領・権益の回復や、維持・拡大を目的として結成された広域的一揆と評価されている。

そのような平一揆を、観応の擾乱が展開するなかで軍事力として組織したのが足利尊氏だった。薩埵山合戦で白旗一揆等とともに戦場に投入され、以後、河越直重が相模国守護に任じられるなど、有力な尊氏党となっていく。また、尊氏の死後も、基氏の直轄軍として重用され、畠山国清の乱や岩殿山合戦で基氏軍の主力となるなど、政治的地位を上昇させていった。

ちなみに、文和二年（一三五三）七月に尊氏が京都に戻ると、基氏は鎌倉ではなく、貞治元年（一三六二）まで入間川陣《いるまがわじん》（埼玉県狭山市）に滞在し、畠山国清・河越直重・宇都宮氏綱等が支えるという体制が発足する。入間川陣は、平一揆の中心だった河越直重・高坂氏重の勢力圏内にあったことからも、彼らの重要性が理解できる。

だが、畠山国清が関東諸氏の支持を失い、失脚・没落した畠山国清の乱後、政治的転機が訪れた。国清に代わって、有力な直義党の上杉憲顕が、貞治二年七月に関東管領として鎌倉府に復帰したのである。以後、基氏は憲顕を重用し、上杉氏を中心とした政治体制を築こうとしたため、必然的に平一揆の政治的重要性もうすれていく。実際、憲顕は平一揆の勢力削減を進め、貞治二年二月に河越直重は相模守護を更迭され、相模守護は旧直義党で憲顕とも近かった三浦高通《みうらたかみち》に与えられてしまった。

そのようななか、足利基氏は貞治六年四月に死去した。跡を継ぐべき子の氏満が幼少だったこともあり、

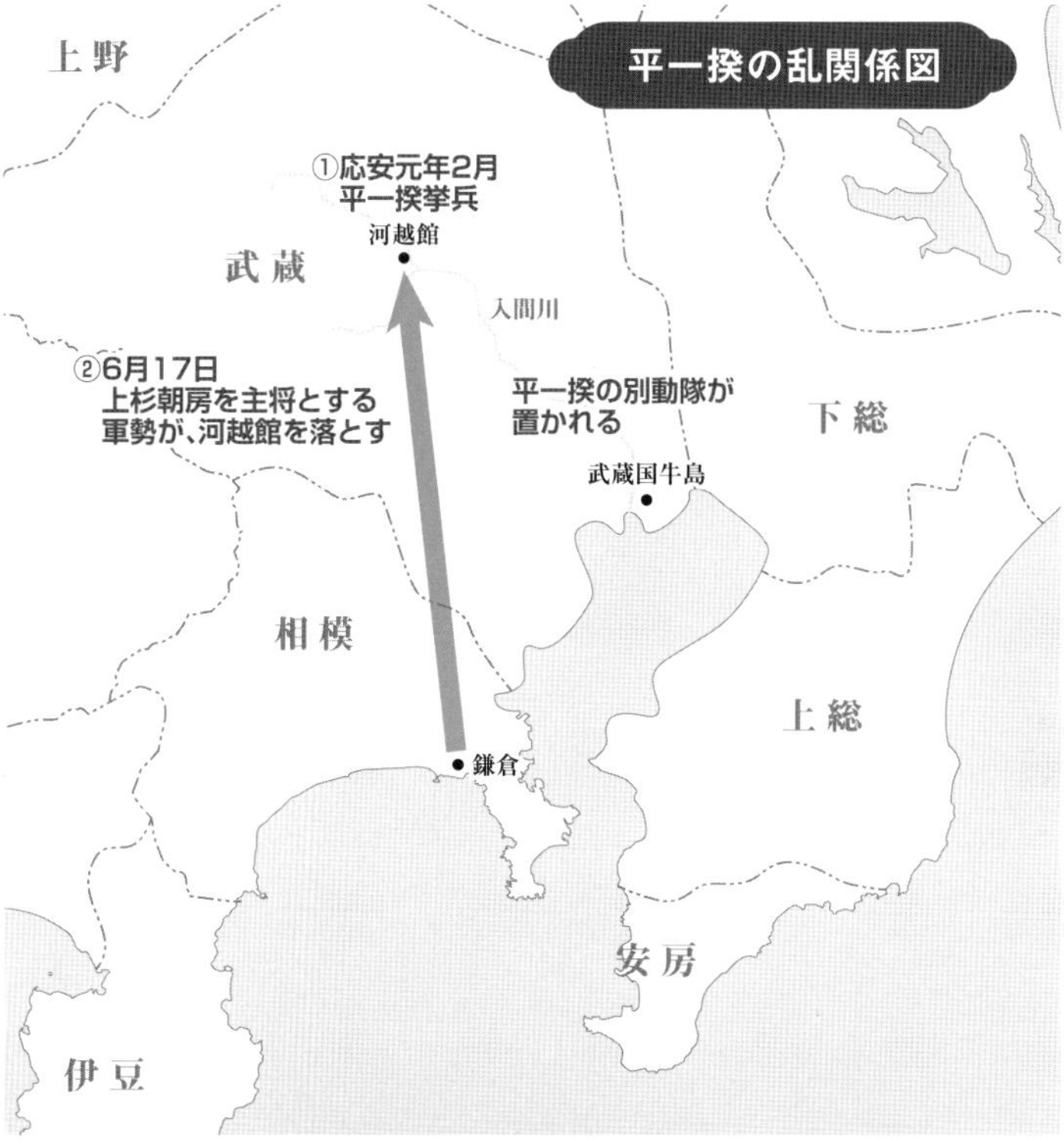

中世の河越館想像図◆南北朝時代に大きな勢力を誇った河越館の様子を復元している　画像提供：川越市教育委員会

今後の鎌倉府の運営を相談するため憲顕は上洛したが、将軍義詮が同年十二月に死去したことにより、憲顕も一度は鎌倉に戻った。だが、翌応永元年正月には、義詮の跡を継いだ三代将軍義満の継嗣を祝うため、再度上洛する。このときも、幕府首脳と鎌倉府の今後について協議する予定だったとみられる。

平一揆の挙兵は、憲顕の上洛の隙をついておこなわれた。基氏死後の対応からしても、憲顕ら上杉氏一族が鎌倉府を主導することに危惧を覚えたのだと理解されている。憲顕の復帰以前、平一揆と同様に基氏を支えていた宇都宮氏綱が、このとき同じく挙兵しているのもこれを裏づける。

なお、河越館で挙兵した平一揆は、武蔵国牛島《うしじま》（東京都墨田区）にも別働隊を置いている。

だが、反乱は長くはつづかない。憲顕が三月に京都から戻ると、討伐軍を組織し、憲顕の甥・上杉朝房《ともふさ》を主将とする軍勢が六月十七日に河越館を落とした。宇都宮氏綱もこの年の秋ごろには降伏、便乗して蜂起した新田氏ら南朝勢も討伐され、乱は終結した。

ちなみに、このとき相模国中村氏系平氏は上杉氏に味方したようで、平一揆もけっして一枚岩ではなかったのである。これ以降、存在意義を失った相模の平一揆も自然に解体されていったと考えられている。

なお、上杉憲顕はこの年九月に死去するが、憲顕の二男・能憲《よしのり》と、河越館を落とした朝房が関東管領に就任する。上杉氏に反発する勢力は、平一揆の乱で一掃され、以後、鎌倉公方足利氏の下、関東管領上杉氏が支える体制が確立していったのである。（編集部）

河越館跡◆河越氏は河越館に立て籠もり鎌倉府に抗戦したが、敗北し、表舞台から退いた。現在、史跡は公園として整備されている　埼玉県川越市

高坂館の土塁跡◆平一揆の中心メンバーである高坂氏の館は、現在の高済寺一帯に築かれていた　埼玉県東松山市

版本に描かれた足利基氏◆良く知られた束帯姿の木像と異なり、甲冑を身にまとった姿を描く　『百将伝』　当社蔵

視点

さまざまな合戦の舞台となった鎌倉街道《かまくらかいどう》

　鎌倉街道は、各地から鎌倉へと至る道のことである。鎌倉街道にはいくつかの道筋があり、いずれも鎌倉を起点に、武蔵国西部を経て上野国へ至る上道《かみつみち》、武蔵国東部を経て下野国に至る中道《なかつみち》、武蔵国を経て常陸・下総方面に至る下道《しもつみち》が有名である。

　そのうち、鎌倉街道上道はいくつもの合戦の舞台になっている。武蔵野《むさしの》合戦、岩殿山《いわどのやま》合戦、小山義政の乱、上杉禅秀の乱、享徳の乱など主要な合戦では、必ずこの道を軍勢が進んでいる。何百人・何千人という人が移動するため、主要な街道が選ばれるのは必然であった。鎌倉へ至る交通の拠点をおさえることは、鎌倉府にとって大きな意味を持ったのである。

　上道の拠点の一つ、武蔵国府中（東京都府中市）はとりわけ重要な場所であった。同所は公方発向の拠点となり、ここから出陣したり、帰陣したりと、合戦における起点になったのである。西で大内義弘《おおうちよしひろ》が反乱を起こした際に、それに関与した公方満兼が武蔵府中まで出陣したことが象徴的である。

笛吹峠碑◆笛吹峠は標高 80 メートルの緩やかな峠で、武蔵野合戦において新田義宗軍が布陣した場所として知られる
埼玉県鳩山町・嵐山町

　また、街道近くには陣《じん》も置かれた。たとえば、武蔵野合戦では関戸に新田義興が陣を置き、上杉禅秀の乱では上杉憲基が関戸の陣に入っていることが知られる。そして、享徳の乱期に上杉方の拠点となった五十子《いかっこ》陣が置かれたのも上道の近くであった。

　道を制御することは政治的にも重要であり、いくつもの合戦が鎌倉街道を舞台に展開したのである。（編集部）

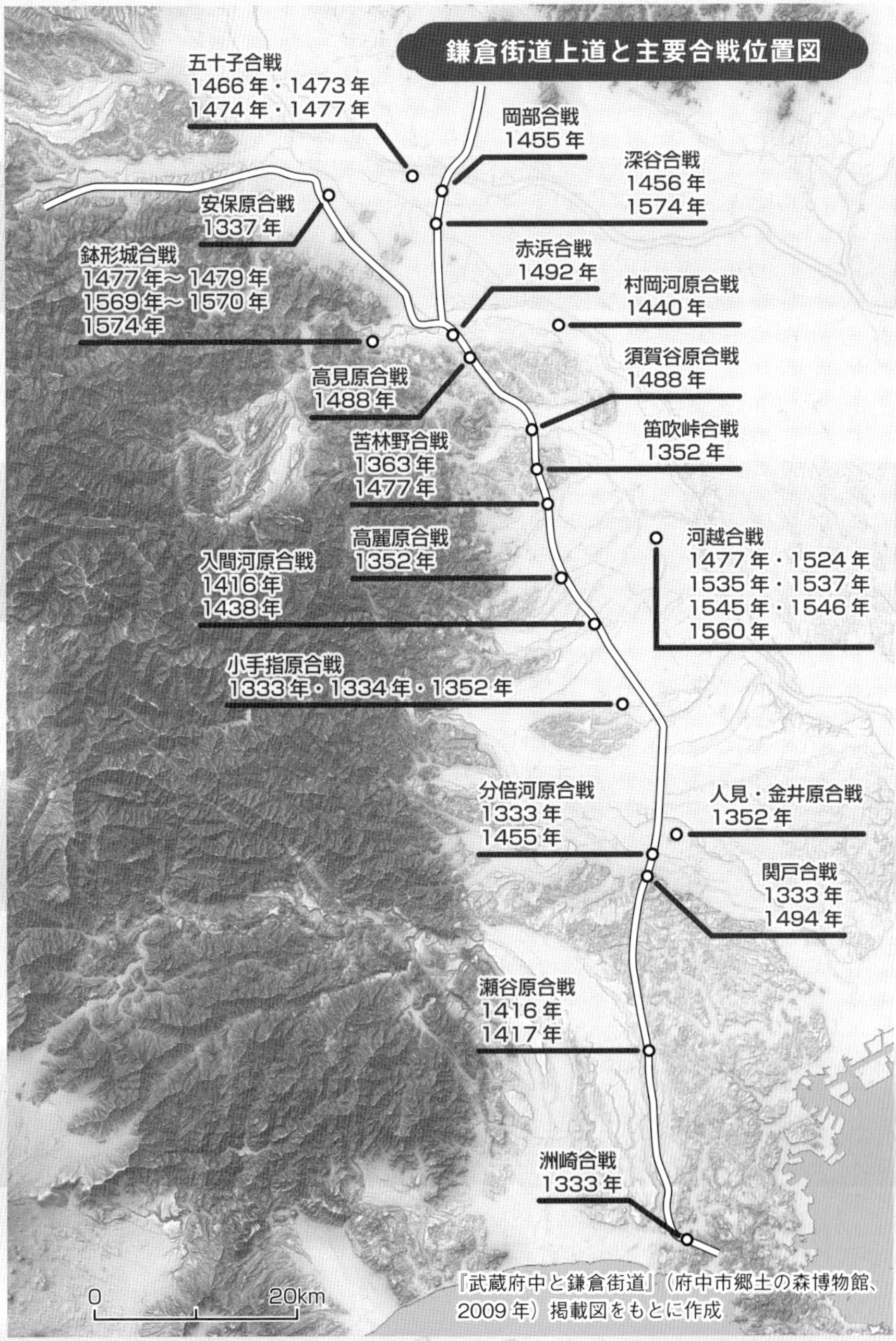

『武蔵府中と鎌倉街道』（府中市郷土の森博物館、2009年）掲載図をもとに作成

06 小山義政の乱《おやまよしまさのらん》――有力大名の勢力削減を狙う

小山義政の乱は、康暦《こうりゃく》二年（一三八〇）に始まった下野小山氏の鎌倉府に対する反乱である。乱は二十年余りにわたってつづいた。

乱のきっかけは、当時の小山氏当主義政《よしまさ》が鎌倉府の制止にもかかわらず、康暦二年五月十六日、同じ下野の宇都宮基綱《もとつな》と私戦を起こしたうえ、基綱を敗死させたことにある。一方で、乱は鎌倉府が小山氏の勢力を削減することを目的として起こされたとする説もある。

鎌倉府の小山氏討伐は康暦二年六月に始まり、大将を山内上杉憲方《のりまさ》・犬懸上杉朝宗《ともむね》・木戸《きど》法季《ほうき》が務めた。公方の氏満は武蔵村岡《むらおか》まで出陣し、大将三人が軍を率いて下野に入ったようである。

鎌倉府軍は南東から大聖寺《だいしょうじ》・義政屋敷を攻撃する軍勢と、北から祇園城《ぎおんじょう》（栃木県小山市）を攻撃する軍勢に分かれて、各所で合戦が行われた。鎌倉府軍による攻撃で追い込まれた義政は、九月十九日になって降伏した。

しかし、義政自身は降伏後も氏満のところに参陣しなかったため、永徳元年（一三八一）正月に上杉朝宗と木戸法季の二人を大将として、再度の小山氏討伐が決まる。二回目の戦いは長期に及んだ。同時期に新田氏が武蔵で蜂起したことや、鷲《わし》城（栃木県小山市）での戦いが長引いたためである。

新田氏の討伐は五月、小山氏との合戦は六月に始まり、八月に入ると小山氏の鷲城への攻撃が始まる。鷲城を攻略したのは十二月十日のことで、このとき祇園城なども落城した。これによって十二月十二日、義政は再び降伏のうえ出家、子の若犬丸《わかいぬまる》は出仕した。

しかし、氏満は若犬丸が出仕しても小山氏の殲滅《せんめつ》を

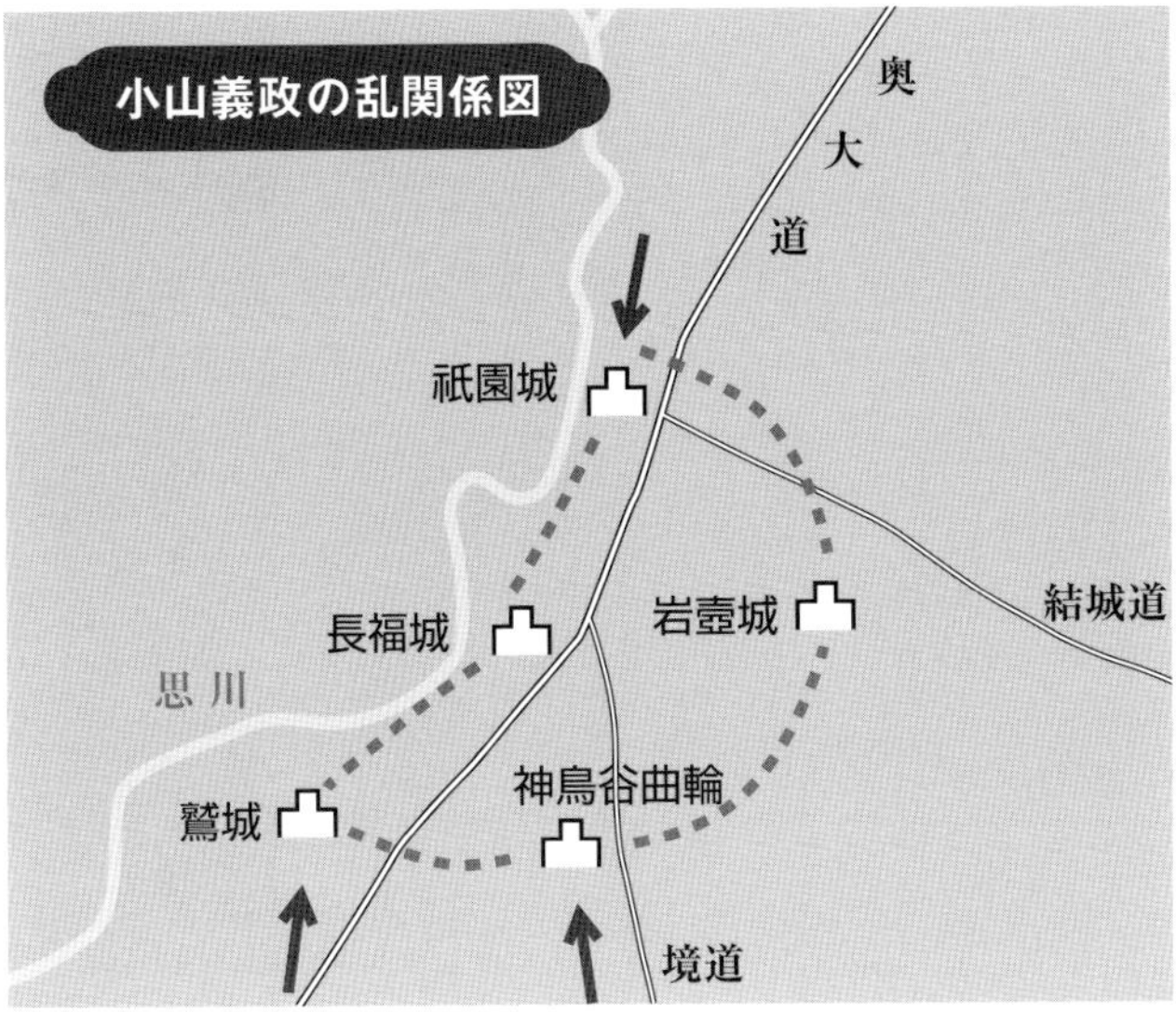

『足利氏満とその時代』のうち石橋一展論文の掲載図をもとにした

祇園城空堀跡◆小山氏の居城の一つで、小山氏の乱の舞台になった。乱のなかで義政が自ら火を放つなど、激しい戦いがここで繰り広げられた　栃木県小山市

梵鐘◆小山義政の乱時、下野国佐野荘の天宝寺から持ち出され、戦勝品として鎌倉浄妙寺に奉納された　千葉県鋸南町・日本寺蔵　画像提供：千葉県教育委員会

企てた。『頼印大僧正行状絵詞』によると、氏満の願いは義政の頸を目の前でみることだったとする。

　永徳二年三月二十二日、義政は祇園城を捨て、粕尾《かすお》（栃木県小山市）に没落した。ここで、氏満は上杉朝宗と木戸法季を大将に命じて出陣を指示した。ただ、朝宗と法季は、当初は出陣を辞退したようで、両者は小山氏を殲滅する氏満の考えに疑問を持っていたとも考えられている。

　しかし、鎌倉府軍は出陣し、四月に長野要害《ながのようがい》や寺窪《てらくぼ》などで合戦が行われ、四月十三日、ついに義政は自害した。四月十八日には、氏満の念願であった義政の首実検も行われ、三度にわたる義政の討伐は終わった。

　だが、小山氏による反乱は続いた。至徳三年（一三八六）五月二十七日、若犬丸が祇園城を奪取したのである。義政が自害した合戦では、若犬丸は別行動を取って生き延びたらしい。鎌倉府軍は若犬丸の討伐に向かい、氏満自身も七月二日に小山に向けて出陣した。七月十日には塔本で合戦が行われ、十二日に若犬丸は祇園城から没落した。

　義政の死後も、若犬丸は城を落とすことができる軍事力を保持していたようだ。若犬丸の蜂起に小山氏旧臣も集まったのではないかともいわれている。若犬丸自身は祇園城の落城後も生き残り、このあと東国で起こった各地の争乱に関わる存在でありつづけた。

　小山氏の反乱を契機として、鎌倉府は交通の要衝で広大な領域をもつ武蔵国太田庄と下総国下河辺《しもこうべ》庄を獲得し、直轄地の拡大に成功した。これは軍事基盤の強化にもつながり、下河辺庄の獲得は、古河（茨城県古河市）の軍事拠点化にもつながったと指摘されている。

（編集部）

小山氏歴代の墓◆祇園城跡の北側に位置する天翁院にある。小山氏は戦国時代まで大きな勢力を誇ったが、小田原北条氏の攻撃で没落した　栃木県小山市

小山氏略系図

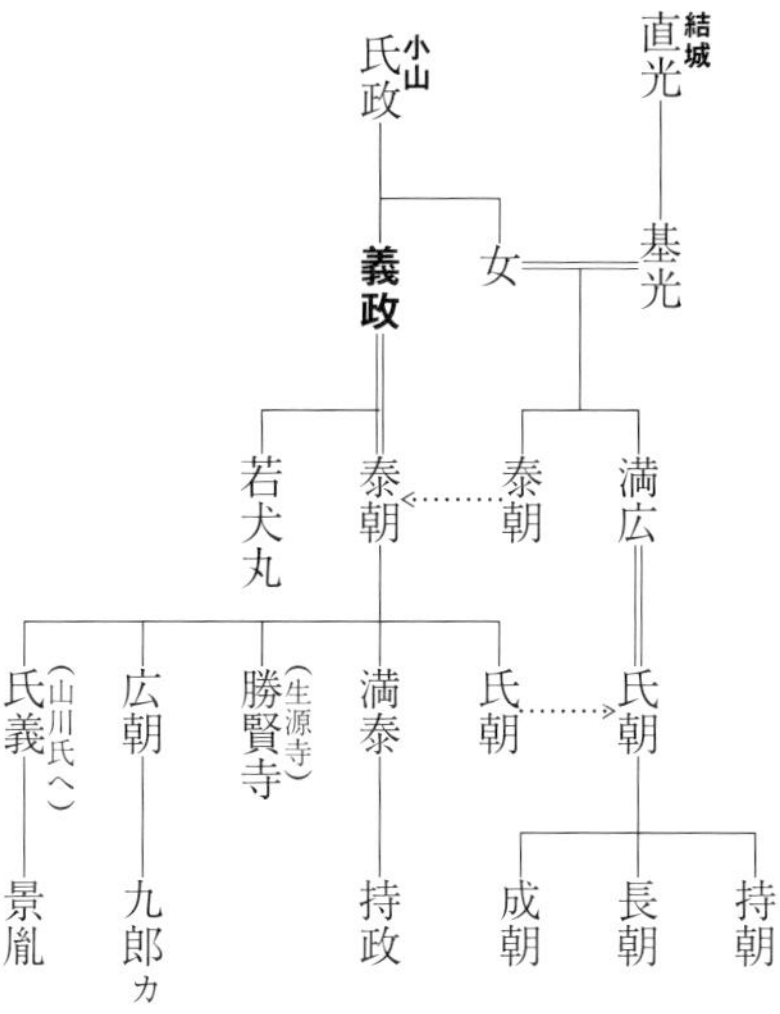

祇園城跡航空写真◆祇園城は思川や奥大道に隣接しており、交通の要衝に位置した　栃木県小山市　画像提供：小山市

07 小田孝朝《おだたかとも》の乱《らん》――正当性なき宣戦布告

小田孝朝の乱は、至徳四年（嘉慶元年、一三八七）五月、下総国古河（茨城県古河市）の代官・野田等忠《のだとうちゅう》が、常陸小田氏の館に小山若犬丸が匿われているという情報を耳にしたことをきっかけに始まった。野田から報告を受けた鎌倉府は、六月十三日、鎌倉に滞在中の小田孝朝《たかとも》父子三人の身柄を拘束した。

七月十九日、小田氏制圧のため犬懸上杉朝宗が常陸国小田（茨城県つくば市）に出陣し、これに対して小田氏の執事・信太《しだ》氏や小田氏の一族筋にあたる岩間《いわま》氏らは、小田を離れて常陸男体山《なんたいさん》に立て籠もった。男体山は、現在の茨城県石岡市と笠間市の境に位置する難台山のことである。

男体山での攻防戦は、嘉慶二年五月十八日まで約十ヶ月という長期にわたる。実は、小山若犬丸を小田氏の館で匿っているという情報は、古河から連れてきた「召人」の白状が根拠という、きわめて説得力のないものであった。そのため、本来であれば出陣すべき東国武家も出兵しなかったらしい。戦いが長期に及んだ理由はここにある。だが、長期戦にはなったが、鎌倉府方は最終的には小田氏方を降伏させることに成功した。

それでは、なぜ鎌倉府は根拠が薄いにもかかわらず小田氏討伐に動いたのか。それは、小田孝朝が和歌など文化的な教養に優れ、また霞ヶ浦《かすみがうら》の安中津《あんじゅう》（茨城県美浦村）・古渡津《ふっと》（同稲敷市）を押さえて経済的な利権を有し、さらには京都の六波羅蜜寺《ろくはらみつじ》の造営にも金銭を出すなど、東国で政治・経済・文化といった多方面にひろく影響を及ぼしていたからだと理解されている。

そのため鎌倉府は、小田氏の勢力削減を狙い、孝朝自身の身柄を拘束し、その被官や一族を攻めたのである。一方で、室町幕府は小田孝朝の赦免を鎌倉府に求めた。そして、将軍足利義満の命令もあり、小田孝朝は助命され、小田氏は所領を削減されるにとどまった。（編集部）

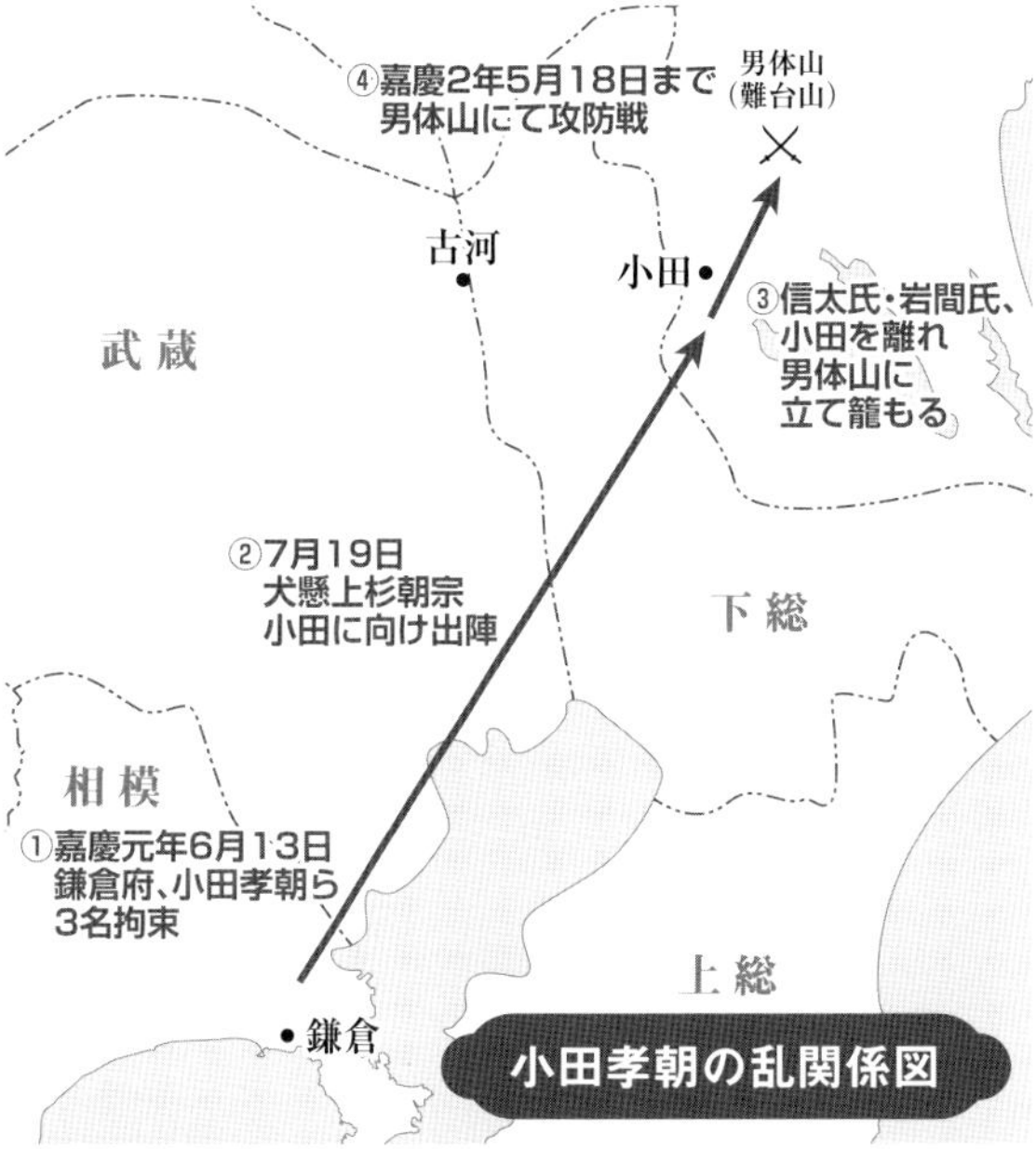
④嘉慶2年5月18日まで
男体山にて攻防戦
男体山
（難台山）
古河
小田
③信太氏・岩間氏、
小田を離れ
男体山に
立て籠もる
武蔵
②7月19日
犬懸上杉朝宗
小田に向け出陣
下総
相模
①嘉慶元年6月13日
鎌倉府、小田孝朝ら
3名拘束
上総
鎌倉
小田孝朝の乱関係図

小田城跡空撮写真◆小田氏の拠点で堀や土塁の遺構が残されている。現在は歴史広場として整備されている　茨城県つくば市　画像提供：つくば市教育委員会

伝小田治久画像◆小田孝朝の父。南北朝の内乱では、南朝方として小田城に北畠親房を迎えるなど武勇をあげた。足利尊氏ら北朝方の前に抵抗及ばず降伏し、以後は北朝方として戦った。治久が築いた礎は孝朝に引き継がれた　茨城県土浦市・法雲寺蔵　画像提供：土浦市立博物館

08 田《た》村《むら》庄《しょう》司《じ》の乱《らん》――なぜ出兵の理由は隠されたのか

応永二年（一三九五）九月頃、陸奥国田村荘の田村氏が蜂起し、奥州の斯波《しば》大崎《おおさき》氏が鎮圧にあたった。田村氏の蜂起の理由は、まだ確定されるに至っていない。当時の古文書をみると、阿武隈川ぞいなどが合戦の舞台になっていたことがわかる。戦いには、鎌倉公方足利氏満の子息・満貞も出陣したらしい。ただし、公方氏満自身はこの時点では出陣していない。

　氏満の出陣は、応永三年二月のことである。氏満は当初、小山若犬丸の退治を大義名分に東国武家に軍勢催促をして、自らも古河まで兵を進めた。その後、氏満は古河に滞在しつづけて、五月二十七日になって田村氏の退治を表明する。

　はじめ氏満は田村氏の退治という真の出兵理由を伏せて軍勢催促をしたようだ。小山若犬丸の退治は、当時の東国武家の間では出兵に納得できる合意事項になっていたとみられる。氏満は確実に兵を集めるため、田村氏の退治を表明することなく、小山氏の退治に出兵するようにと命令したらしい。古河で真の理由を明かしたのは、公方近臣で鎌倉府の中枢にあった野田《のだ》氏がこの地の代官を務めていたからと考えられている。

　その後、氏満ら鎌倉府勢が陸奥国白河《しらかわ》へ着陣したことによって、六月中旬に乱は終息した。田村氏は散発的な反攻しかできなかったようである。乱後の田村荘は、白川氏庶流の小峰満政《こみねみつまさ》に一年間という期限付きで預けられた。

（編集部）

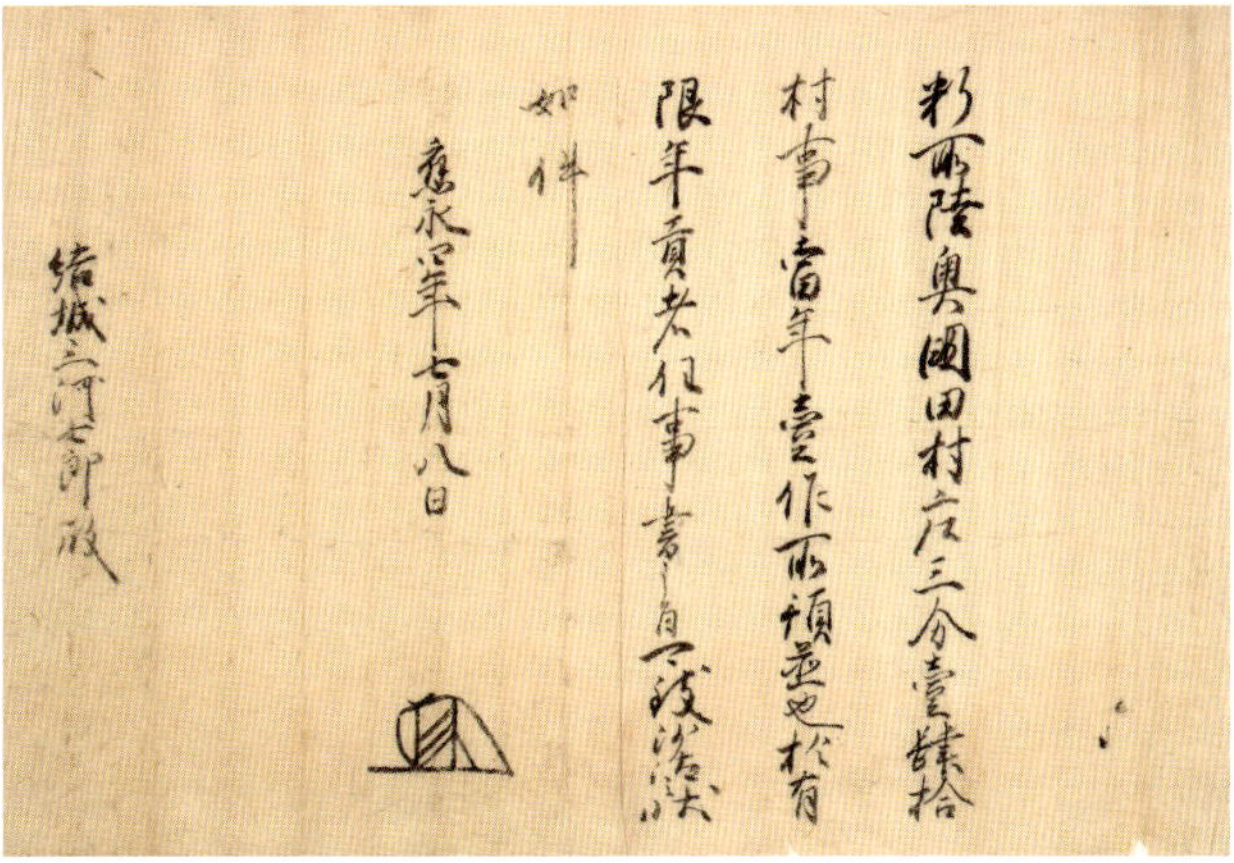
料所陸奥国田村庄三分壹肆拾
村事、当年壹作所預置也、於有
限年貢者、任事書之旨可致沙汰
之状如件
応永四年七月八日
結城三河七郎殿

応永４年７月８日付け足利氏満御教書◆田村庄司の乱後の処置で、結城三河七郎（小峰満政）に田村庄３分の1、４０村を１年間預けることを命じている　小峰城歴史館蔵・東京大学史料編纂所写真撮影

現在の阿武隈川◆田村庄司の乱では応永２年から田村庄内や阿武隈川沿いで、田村氏を退治するという名目のもと戦いが行われた　福島県須賀川市

小峰城跡◆南北朝時代に築かれた小峰氏の本拠で、阿武隈川と谷津田川の間に位置する。現在の城跡は、江戸時代以降に大改築された姿である　福島県白河市

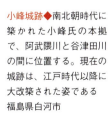

09

伊達政宗《だてまさむね》の乱《らん》——強い反発、奥羽支配への不満

明徳二年（一三九一）末、陸奥・出羽両国の管轄権が室町幕府から鎌倉府に移った。鎌倉府は、奥羽に対して諸役を賦課した。それは鶴岡八幡宮の修造費負担、奥羽武家の鎌倉出仕、国衙《こくが》年貢のさらなる負担などで、奥羽武家にとっては経済負担の増大であった。とくに、伊達氏は「伊達郡役」といわれる重い経済負担を課されたようで、鎌倉府に不満を抱いていた。そして応永六年（一三九九）、稲村公方の足利満貞が陸奥国に下向し、鎌倉府の支配が強まると、伊達氏らの反発は武力に訴えるものになった。

足利満貞の書下によれば、伊達政宗と葦名《あしな》満盛の「隠謀《いんぼう》」（陰謀）が明るみに出たので、討伐することにしたという。ただこのときは、応永七年十月、伊達政宗の降参によって反乱は鎮まった。

しかし応永九年四月、政宗は再び反乱を起こす。このときは当時の鎌倉府中枢にあった犬懸上杉氏憲（のちの禅秀）が鎌倉から出陣し、公方の満兼は「奥州凶徒退治」を寺社に祈らせるなど討伐に力を入れている。政宗は同年九月に赤館《あかだて》（桑折西山《こおりにしやま》城か）を退散したが、なお力を持ちつづけたようだ。氏憲としては、政宗を赤館から退散させるという威圧を主眼にした軍事行動であったらしい。

政宗の乱は、政宗の二代後の当主松犬丸《まついぬまる》（のち持《もち》宗《むね》）の反乱につながっている。これは、応永二十年十月に起こったもので、鎌倉府は二本松畠山氏を中心とした軍勢で、陸奥国大仏《だいぶつ》城を攻撃した。松犬丸は早々に大仏城から退散し、鎌倉府も必要以上に軍事的な圧力は加えなかった。このとき二本松畠山氏を抜擢したのは犬懸上杉氏であり、同氏は陸奥国の支配権を鎌倉府に一元化しようとしたものと考えられている。

このように、鎌倉府の奥羽支配に対する反発が伊達政宗の乱をひきおこしたのである。（編集部）

版本に描かれた伊達政宗◆陸奥の国人らと同盟を組み、鎌倉府に対抗した人物で、伊達氏中興の祖とされる。有名な戦国時代の政宗もその事績にあやかって名付けられた　『続英雄百首』　当社蔵

伊達氏略系図

行朝―宗遠―**政宗**

政宗＝石清水善法寺通清娘（養女）

政宗―氏宗―持宗（松犬丸）―義宗

持宗―成宗―尚宗

伊達政宗夫妻の墓◆政宗は反乱後、高畑城に入って同地で没したといわれ、墓もこの地にある。政宗の室（善法寺通清の娘）は室町幕府将軍・足利義満の生母の妹であり、政宗は幕府と強い関係があった。墓は右側の石塔が政宗、左側が室のものである　山形県高畠町　画像提供：高畠町観光協会

10 上杉《うえすぎ》禅秀《ぜんしゅう》の乱《らん》——大事件！鎌倉中が動揺する

上杉禅秀の乱は、応永二十三年（一四一六）十月二日、当時の公方持氏の叔父・足利満隆《みつたか》（公方氏満の三男で新御《しんみ》堂殿《どうどの》と呼ばれた）とその養子持仲《もちなか》、前関東管領犬懸上杉禅秀が、持氏と関東管領山内上杉憲基を襲撃したクーデターである。

上杉禅秀は実名を氏憲《うじのり》といい、父の朝宗の代から鎌倉府の軍事行動で「大将」を務め、公方近習として大きな勢力を持っていた人物である。また、関東各地の有力武家一族とも養子・縁組関係を結び、影響力を及ぼしていた。禅秀は応永十八年（一四一一）に山内上杉憲定《のりさだ》が関東管領を辞職したことにともない、同職に就任した。当時の公方持氏は幼少であったため、足利満隆と禅秀が主導して鎌倉府の運営をしていたようである。しかし、おもしろくないのは山内上杉氏で、山内と犬懸の両上杉氏は対立状態にあったらしい。

その後、持氏が成長し、応永二十二年（一四一五）三月五日から評定の場に出席し始めるなど、政務を本格化させる。直後の四月、常陸国の禅秀家人・越幡六郎の所領が没収された。この背景については、山内上杉氏が犬懸上杉氏の勢力を削ごうとしたためとも考えられている。そして五月二日には、禅秀が関東管領を辞任し、五月十八日に山内上杉憲基が同職に就任した。ここに至り、山内上杉氏が犬懸上杉氏に政治的優位にたつことになった。

しかし、禅秀も黙ってはいなかった。七月二十日に持氏と禅秀が対立し、諸軍勢が鎌倉に集まる事態となった。そして翌年十月二日、ついに反乱が現実のものとなった。禅秀は足利氏一族の満隆・持仲を反乱の中心人物に据えて、持仲を鎌倉公方、その後見に満隆、関東管領を禅秀が務めるという政治体制の構築を目指

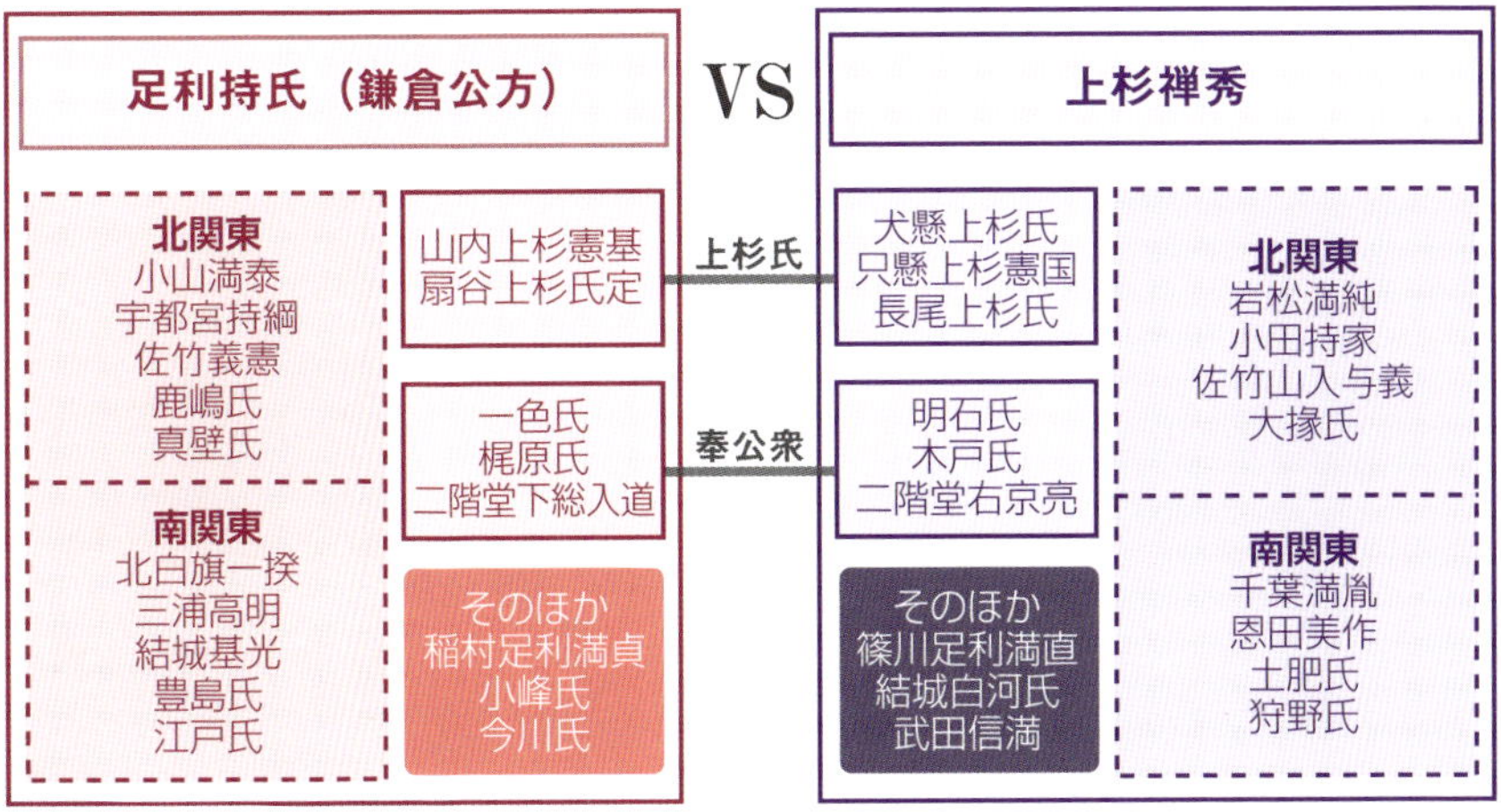

上杉朝宗・氏憲邸跡の碑◆禅秀（氏憲）とその父・朝宗が住んでいた邸がこのあたりにあったらしいが、現在は碑が残るのみである。当時の史料によれば、犬懸上杉氏は「釈迦堂殿」と呼ばれており、碑より西に位置する釈迦堂ヶ谷を拠点にしていたようである　神奈川県鎌倉市

した。

十月二日、禅秀らは持氏邸を襲撃し、同月六日には化粧坂《けわいざか》・六本松《ろっぽんまつ》・前浜《まえはま》など鎌倉各所で合戦を行い、持氏は駿河に没落する。十月十五日頃には情報が幕府にも届き、同月二十九日に幕府は持氏支持を決定している。これをうけ、持氏は十二月十一日に幕府に武家御旗を要請する。幕府が持氏を支持したことは、次第に東国諸氏に伝わっていく。十二月十八日には上野国で山内上杉憲基が挙兵して岩松氏を破り、持氏も同月

化粧坂切通◆上杉禅秀の乱で合戦があった場所で、新田義貞の鎌倉攻めの舞台にもなるなど多くの合戦が行われた　神奈川県鎌倉市

二十五日に武蔵国入間川で犬懸上杉憲方を破っている。翌年正月五日に、武蔵国瀬谷原で合戦が起こり禅秀方が勝利するも、同月九日の同地での合戦では持氏方が勝利し、禅秀方は追いつめられていく。そして、翌十日に持氏方は鎌倉雪下に攻め入り、敗れた禅秀・満隆らは自害した。正月十七日、持氏はようやく鎌倉に帰還することとなった。

禅秀の乱において、禅秀方と持氏方とに分かれた東国諸氏だが、明確なグループ分けはできない。このことは、禅秀の東国諸氏への影響力もさることながら、乱によって東国社会が広く分裂したことを示している。

近年、茨城県高萩市に鎮座する朝香《あさか》神社から再発見された応永二十三年の棟札には、「鎌倉源新御堂殿」＝足利満隆の記載があり、満隆・禅秀政権は単なる反乱勢力ではなく、新たな政治体制として東国諸氏に受け入れられていた可能性もあるようだ。

乱自体は禅秀の自害で終わった。だが、その影響は計りしれないものがあった。持氏は疑心暗鬼にかられ、執拗な禅秀与党の討伐に向かっていくことになる。一方、憲基は敵と味方の菩提を弔うため円覚寺に所領を寄進するなど、戦の全面的な終結を望んでいたようである。持氏と憲基の間には意見の相違もあったことが想定される。応永二十五年（一四一八）に憲基が二十七歳の若さで没すると、関東管領には越後上杉氏から憲実が迎えられた。しかし、当時の憲実は幼少であり、持氏を諫止することはできなかった。

（編集部）

上杉禅秀の供養塔◆犬懸の地に近い報国寺境内にあり、追善供養が現在も行われている。なお、古い五輪塔は、新田義貞が鎌倉幕府を攻めたときの由比ヶ浜での戦死者を供養したものである　神奈川県鎌倉市

敵御方供養塔◆上杉禅秀の乱で戦死した敵・御方（味方）を供養するため、応永25年（1418）に建てられた。塔婆の前を通る際は念仏を10回唱えて、戦死した人が極楽往生できるようにという銘文がある。鎌倉府の年中行事でも上杉禅秀の乱での戦死者への供養が行われており、大きな戦乱であったことがわかる　神奈川県藤沢市・清浄光寺境内

視点

持氏を悩ませた京都扶持衆《きょうとふちしゅう》

京都扶持衆とは、東国武家のなかで室町幕府と主従関係を結んだ者たちのことである。ちなみに、京都扶持衆というのは学術用語である。

京都扶持衆には、下野の宇都宮氏・那須氏、常陸の大掾氏・真壁氏・小栗氏、南奥の伊達氏・白河結城氏らがいた。彼らは応永二十三年（一四一六）の上杉禅秀の乱で禅秀に与同したり、中立を保って味方にならなかったりした者が多く、持氏にとって目障りな存在であった。

そこで、公方持氏は応永三十年（一四二三）の小栗満重攻めを契機に、京都扶持衆の討伐をはじめていく。小栗満重は上杉禅秀の乱で禅秀に味方をしたため、所領の一部を没収されていた。これを不満に思った満重はくりかえし反乱を起こしていた。前年の応永二十九年には宇都宮氏や真壁氏も満重に共謀したため、持氏も黙っているわけにはいかなかったのである。

しかし、京都扶持衆は幕府と関係を結んでいたため、彼らの討伐は幕府への敵対と同義になり、持氏と将軍の対立は混迷を深め、ついには永享の乱が勃発した。

永享の乱によって持氏が自害に追い込まれると、親幕府の立場をとる関東管領山内上杉氏が政務を行うようになったこともあり、状況は解消されていったといわれている。（編集部）

小栗満重の墓◆満重は常陸小栗城を拠点に活躍した武家である。「満」は公方氏満から一字拝領したともいわれるが、公方に反抗する立場をとりつづけた　神奈川県藤沢市・遊行寺境内

小栗城跡遠景◆小栗満重の乱の舞台であり、現在も土塁・横堀・堀など遺構が確認できる。小栗氏は滅亡したが、小栗城自体は使われつづけた　茨城県筑西市

11 永享《えいきょう》の乱《らん》——幕府との直接対決、持氏死す

四代公方足利持氏は、上杉禅秀の乱後、禅秀与党を執拗なまでに討伐していく。そのなかには京都扶持衆も含まれていた。しかし、京都扶持衆の討伐は、室町幕府との対立をまねくことになる。

応永三十年（一四二三）八月、幕府は鎌倉府討伐の命令を下すが、持氏が弁明の使者を派遣したため、ひとまず事態は収まった。

応永三十五年に足利義持が後継者を決めずに死去すると、持氏は自身の将軍就任を期待した。しかし将軍には足利義教が就く。持氏はこれを不満に思ったようで、改元に従わないなど、反抗的な態度をとっていく。しかも持氏は、上杉氏庶流の扇谷家・宅間家や一色直《いっしきなお》兼《かね》などを重用して専制化を進め、次第に関東管領山内上杉憲実との対立も深めていった。

持氏と憲実の対立が決定的になったのは、永享九年（一四三七）四月の騒動である。信濃国において、小《お》笠原政康《がさわらまさやす》と対立していた国人村上頼清《むらかみよりきよ》を救援するため、持氏は近臣の榎下上杉憲直《のりなお》の軍勢を派遣しようとした。だが、これは信濃への軍勢派遣でなく、憲実を討伐するための軍勢だという噂がたち、六月には鎌倉に憲実の被官が結集する事態となった。

事態は深刻で、持氏の母（大御所《おおごしょ》）までもが鎮静化に乗り出したが収まらなかった。持氏は有力な近臣であった一色直兼を相模国三浦（神奈川県三浦市）に蟄居させ、近臣の処分で和解を図ろうとした。一方、持氏も憲実に対し、被官大石憲重《おおいしのりしげ》と長尾景仲《ながおかげなか》の引退を求めたが、拒絶されてしまう。しかし、八月二十七日になってようやく持氏と憲実が和解し、憲実も関東管領に復職した。

だが、翌年六月、再び持氏と憲実は対立する。事の

版本に描かれた上杉憲実◆永享の乱では、対立する公方と幕府の間で苦慮した。政治的な手腕に長けていたようで、何度か隠遁をしているが、そのたびに引き留められたり、政界復帰を強く要請されたり、鎌倉府を支えた重要人物であった　『続英雄百首』　当社蔵

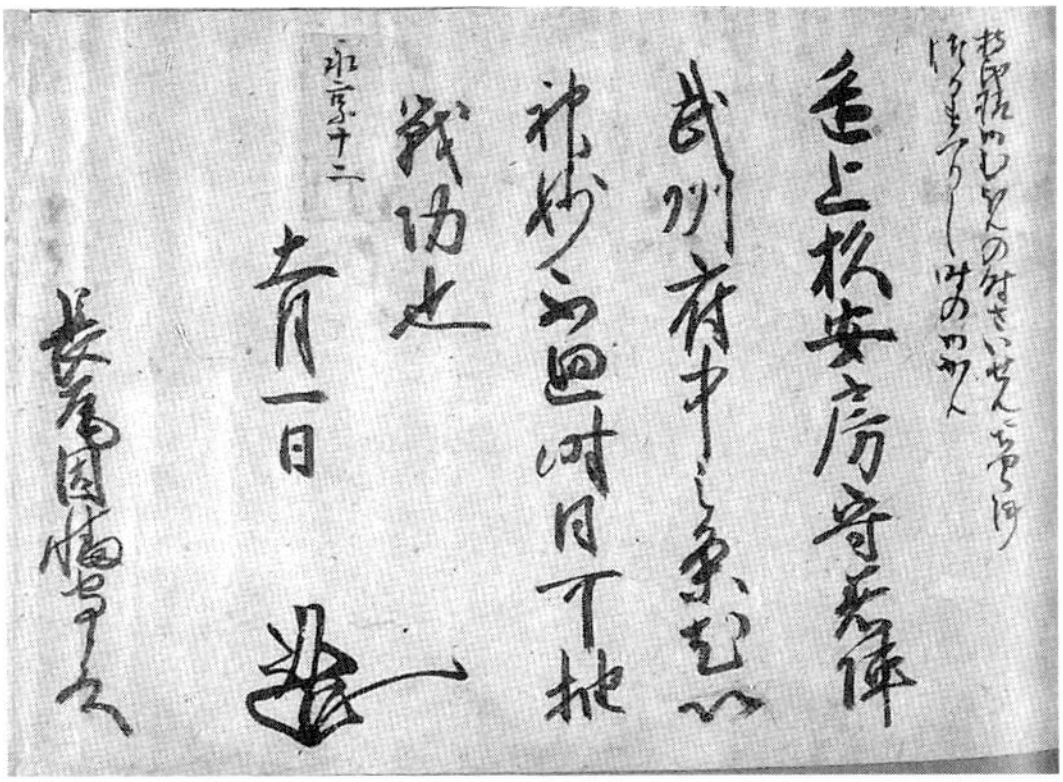

永享12年11月1日付け足利義教御内書◆将軍義教が越後の守護代長尾実景に宛てて出したもので、上杉憲実に従って武蔵国府中に着陣したことを賞している　米沢市上杉博物館蔵

有鹿神社◆持氏が陣を構えた海老名に鎮座する。室町時代には海老名氏が鐘を寄進するなど信仰が篤かったが、戦乱によって海老名氏は没落して、社殿などは焼失してしまった　神奈川県海老名市

発端は、持氏の息子賢王丸《けんおうまる》の元服であった。憲実は持氏に対して、慣例に従って将軍から一字を賜ることを進言したが、持氏は聞き入れなかった。しかも、持氏は蟄居させていた一色直兼らを復帰させ、賢王丸も義久《よしひさ》と名乗らせた。「義」は将軍の通字《つうじ》であり、幕府への明確な敵意を示すことになった。

憲実は持氏との対立に苦悩し、自害を企てた。しかし、被官にとめられて上野国へ去った。これに対し、持氏は憲実を討伐しようと八月十五日に一色直兼・同持家《もちいえ》を両大将とする軍勢を派遣し、自らも鎌倉を発って武蔵府中の高安寺（東京都府中市）に着陣した。

さらに八月二十一日、持氏方の大森憲頼《おおもりのりより》らが相模国河村城《かわむら》（神奈川県山北町）を攻略している。ここは東海道の足柄峠《あしがら》（静岡県小山町・神奈川県南足柄市）をおさえる重要な拠点であった。

幕府は上野国に隣接する信濃国の小笠原政康らに憲実の救援を命じ、京都にいた上杉禅秀の遺児持房《もちふさ》・教朝《のりとも》らの軍勢を下向させた。持氏は東海道を進む幕府軍に対処するため、榎下上杉憲直や重臣宍戸持朝《もちとも》・海老名季長《すえなが》ら主力を派遣した。

九月二十七日、小田原・風祭《かざまつり》・早河尻《はやかわじり》（いずれも神奈川県小田原市）で幕府軍と衝突し、大規模な合戦となった。結果、上杉憲直は捕縛・殺害され、十月十一日に憲直の首が京都に着き、六条河原《ろくじょうがわら》にさらされた。しかし、この首は憲直のものではなく、若党《わかとう》のものであることが判明した。情報の錯綜がみてとれる。

さらに、幕府は後花園《ごはなぞの》天皇から治罰《ちばつ》の綸旨《りんじ》（討伐命令書）を得て持氏を朝敵《ちょうてき》にする手続きをとった。単なる一地方の反乱ではなく、国家への反乱というかたちに持ちこんだのだ。持氏に対しては義教も敵対心が強かったようで、再三にわたり自らが出陣するとの意志を示すほどだった。

その後、九月二十九日に持氏は相模国海老名（神奈川県海老名市）に陣を移し、戦線は相模国西部から中央部へ移った。この頃、持氏方には、有力な与党であった下総の千葉《ちば》胤直《たねなお》が離反するなど、ほころびがみえはじめる。一方、幕府方には多くの武士が従ったのであった。持氏が朝敵となったことも影響したのであろう。

海老名氏霊堂◆海老名一族を祀っている堂で、中には宝篋印塔や五輪塔の一部がある。海老名氏は永享の乱で持氏方に味方したことから没落した。霊堂は住宅街のなかにひっそりとたたずんでいる　神奈川県海老名市

後花園天皇画像◆伏見宮貞成親王の子。称光天皇が跡継ぎのないまま死去したため、後小松上皇の猶子として天皇に即位した。永享の乱で治罰の綸旨を出しているが、そのほかにも多くの治罰の綸旨を出したことが知られる　京都市・大應寺蔵

金沢称名寺◆北条氏の一族である金沢氏が創建した名刹で、庭園は鎌倉時代に整備されたかたちに復元されている。永享の乱で鎌倉を奪われた持氏がここに入ったが、幕府軍の攻撃で持氏自身が捕縛された　横浜市金沢区

足利持氏・春王丸・安王丸の供養塔◆永享の乱で自害した持氏と子の春王丸・安王丸の供養のため、成氏が建立したものといわれている。龍興寺に建てた理由は、住職の曇芳和尚が持氏のおじにあたるためと伝わっている　埼玉県加須市・龍興寺境内

加えて、持氏が鎌倉の留守警固を命じた三浦時高《ときたか》が、心変わりをして十月三日には鎌倉を去った。そして、三浦時高や扇谷上杉氏ら幕府方が鎌倉公方の御所を攻め、義久らの身柄を確保した。

ここにいたり持氏は、鎌倉へ戻ることにする。持氏は鎌倉の浄智寺と永安寺を経て、十一月四日に金沢称名寺《しょうみょうじ》（横浜市金沢区）に入った。だが同月七日、称名寺も幕府方に攻められ、持氏近臣の上杉憲直や一色直兼は討ち死にし、持氏も捕らえられ、永安寺に幽閉された。

幽閉された持氏は出家し、憲実も持氏の助命を幕府に願い出た。しかし、義教はそれを許さず、逆に憲実は持氏の処罰をひき延ばしていると叱責される。

そして、永享十一年二月十日、上杉方に攻められた持氏は叔父の満貞らとともに自害、義久も同月二十八日に鎌倉の報国寺で自害した。（編集部）

永享の乱関係地図

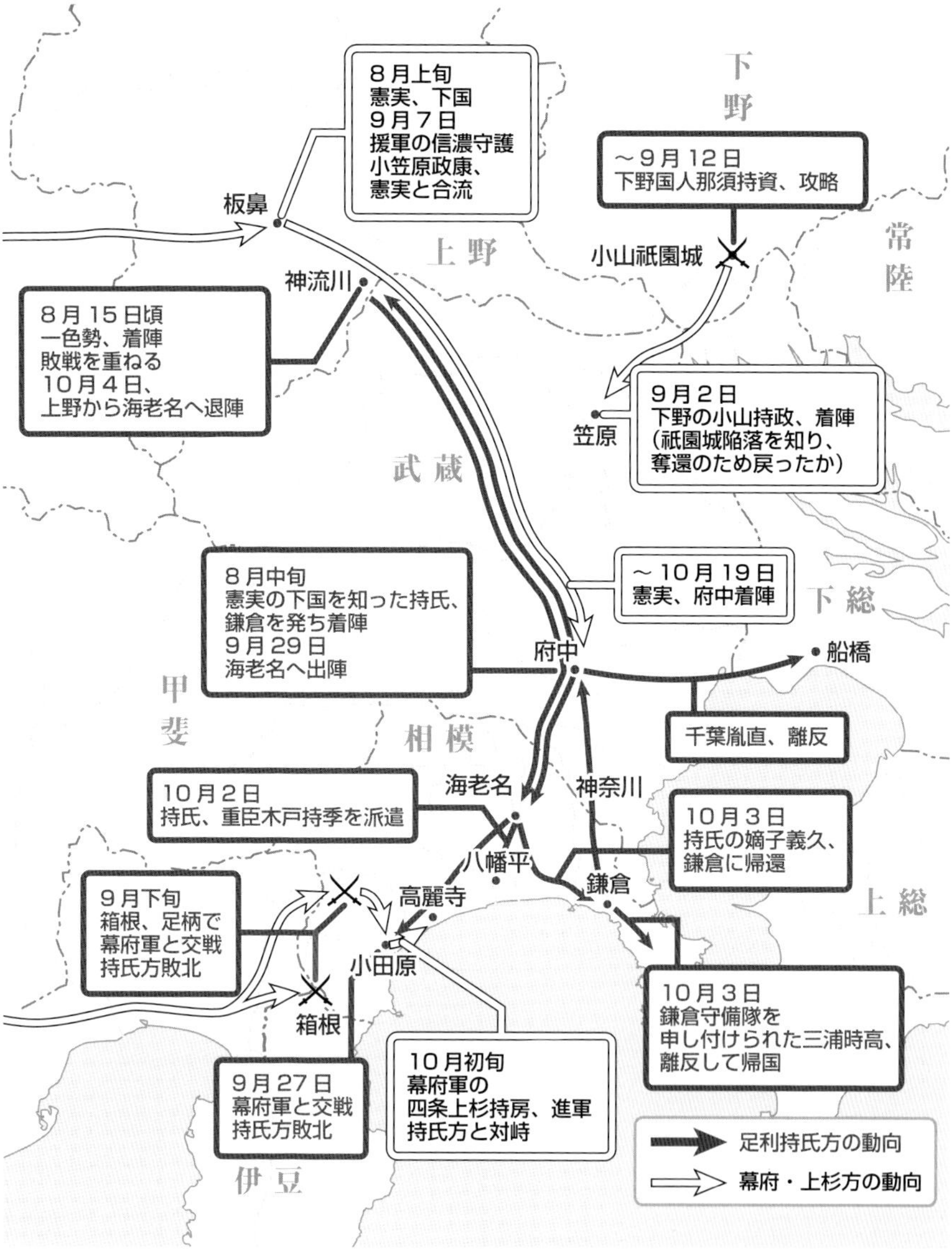

『歴史ＲＥＡＬ　戦国は「関東」からはじまった！　戦国時代の見方が変わる本――関東戦国 150 年史』（洋泉社、2019 年）21 頁掲載図をもとに作成

12　結城《ゆうき》合戦《かっせん》――潰えた鎌倉府再建の夢

結城合戦は、永享十二年（一四四〇）から翌年にかけて起こった鎌倉公方足利持氏の遺児や遺臣・与同勢力らによる反乱である。

持氏は永享の乱で自害したが、遺児の安王丸・春王丸は日光《にっこう》（栃木県日光市）近辺や常陸方面での逃亡・潜伏を経て、永享十二年三月四日に常陸国木所《きどころ》城（茨城県桜川市）で挙兵した。これを受けて、筑波《つくば》氏一族など諸勢力が各地で蜂起し、二十一日に結城氏朝《うじとも》が安王丸と春王丸を結城城（同結城市）に迎え入れた。結城氏のほか、岩松持国《もちくに》・桃井憲義《もものいのりよし》・佐竹義人《さたけよしひと》らが安王丸・春王丸を支えた。

安王丸らの挙兵をうけ、室町幕府と上杉方は、三月十五日に庁鼻和上杉憲信《のりのぶ》と長尾景仲《かげなか》を発向させた。さらに十七日には太田氏・扇谷上杉持朝《もちとも》・千葉氏・二階堂氏などに合戦の準備をさせ、二十七日に隠遁していた上杉憲実に復帰するよう命じている。二十八日になると、将軍義教が大内《おおうち》左近将監《さこんしょうげん》なる人物に対して安王丸・春王丸との合戦での勲功を賞しているので、この頃から戦いがはじまったようだ。

四月二日までには結城氏が安王丸らに与したという情報が京都に伝わったようで、幕府は上杉持朝・清方《きよまさ》に結城氏の討伐を命じている。十七日には、岩松持国・桃井憲義・結城氏朝の軍勢が幕府方の小山持政《もちまさ》勢力圏にある下野国宿《しゅく》城を攻めるも、持政に撃退された。十八日、安王丸・春王丸は結城方の中久喜《なかくき》（中岫）城（栃木県小山市）に入った。その後、長沼氏が離反したり、筑波某が疵を負ったりするなど、安王丸・春王丸は徐々に追い込まれていった。

この間、常陸・下総・下野・南奥では安王丸・春王丸に呼応する局地戦が展開された。そして七月に入る

結城合戦関係地図

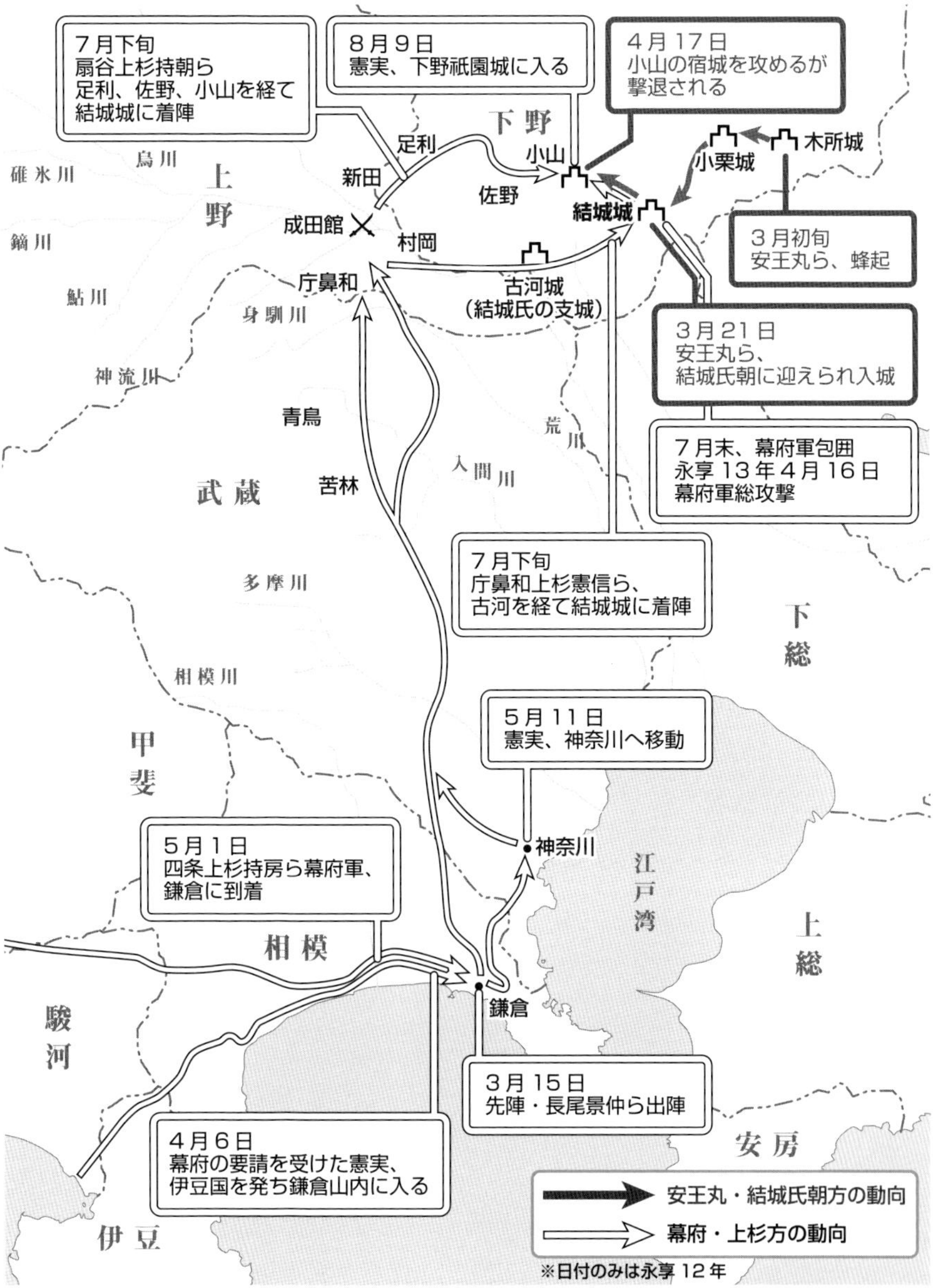

『歴史ＲＥＡＬ　戦国は「関東」からはじまった！　戦国時代の見方が変わる本——関東戦国150年史』（洋泉社、2019年）23頁掲載図をもとに作成

『結城戦場物語絵巻』に描かれた結城氏朝らの切腹◆幕府方の攻撃で追いつめられた結城氏らが自害しようとしている場面。結城氏朝ら 14 人は、敵将のいた「さんしき塚」（現在、聯芳庵の墓地内にある桟敷塚といわれている）にあがって腹を十文字にかき切ったといわれており、壮絶な死を遂げた　栃木県立博物館蔵

と、結城城での攻防が本格化し、二十九日には小山氏らが結城城を攻撃している。

その後、九月八日には将軍義教が軍監《ぐんかん》の仙波《せんば》常陸《ひたちの》介《すけ》に対し、結城城内へ兵糧が運ばれているので警戒を怠らないよう命じた。さらに十七日には諸将に対して談合を命じ、早く結城城を落とすよう伝えている。だが、義教の想いとは裏腹に、十月以降も何度か合戦が行われ、安王丸方の山河氏義《やまかわうじよし》が幕府方へ寝返るなどしたが、年内は膠着状態が続いたようである。

永享十三年（一四四一）になると、元旦から甲斐・越後・下野・上野など幕府方による大規模な攻撃が結城城になされ、正月中には合戦のゆくえがみえてきたようである。

安王丸・春王丸も常陸国小栗城（茨城県筑西市）攻略など巻き返しをはかったが、挽回できず四月十六日に結城城は落城した。結城氏朝らは戦死し、安王丸と春王丸は捕縛された。

結城城が落ちたという情報は、四月二十三日に京都へもたらされた。五月初には結城勢の首実検《くびじっけん》が行われ、

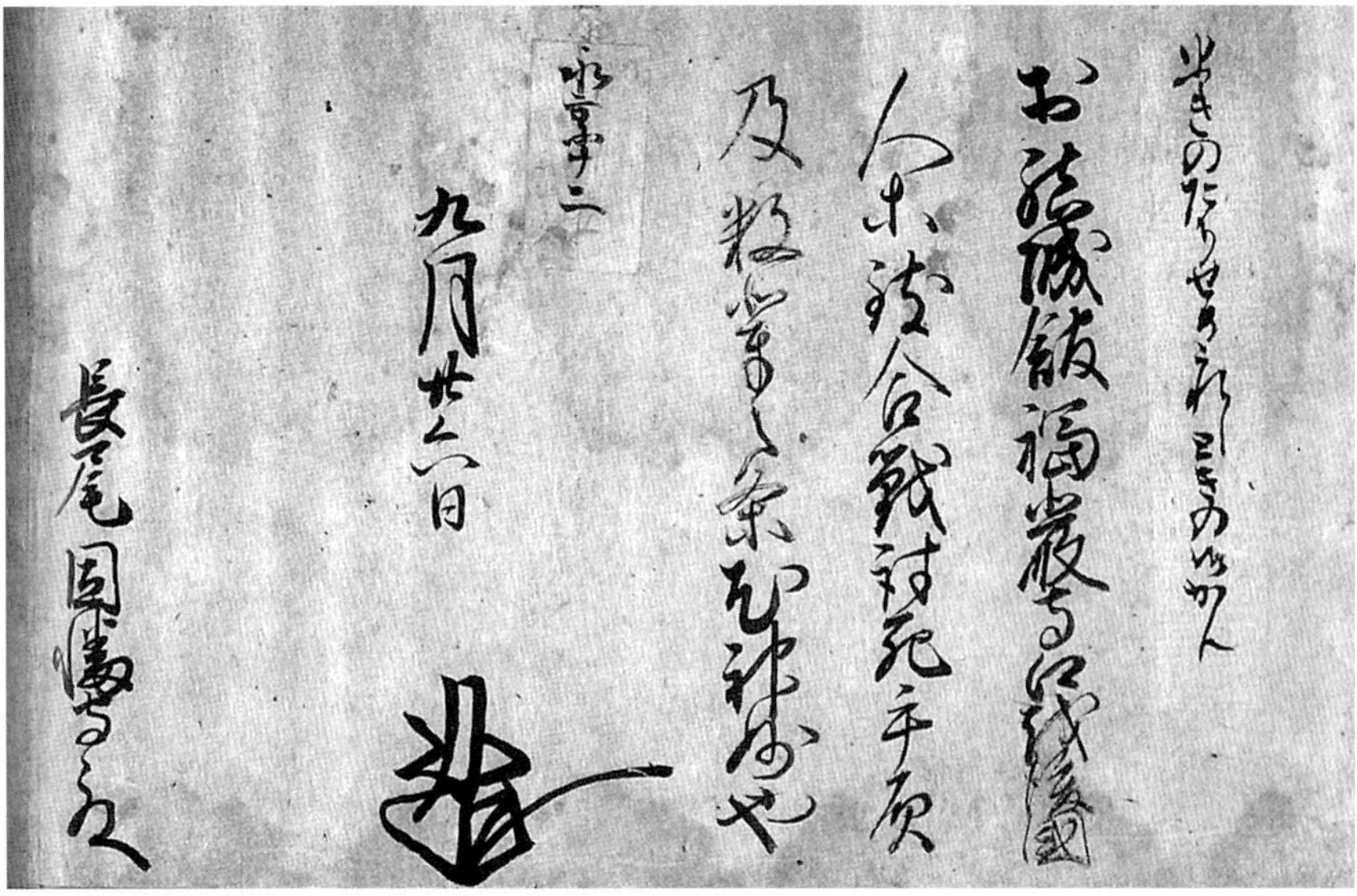

永享十二

九月廿六日

長尾因幡守とのへ

永享 12 年 9 月 26 日付け足利義教御内書◆長尾実景に対し、結城館福厳寺口での戦功を賞している。実景は越後の勢力を率いて戦っていた。福厳寺とは現在の乗国寺（茨城県結城市）のことだが、戦国時代に洪水の被害で現在地に移されたため、場所は一致しない。福厳寺（乗国寺）は、もともと鬼怒川と田川に挟まれた場所にあったという　米沢市上杉博物館蔵

連行中の安王丸・春王丸は同月十六日に美濃国垂井《たるい》の金蓮寺《こんれんじ》（岐阜県垂井町）で処刑された。

ちなみに、蜂起の中心となったのは安王丸だが、『東寺執行日記《とうじしぎょうにっき》』嘉吉元年（一四四一）四月十六日条には「十一歳安王丸・十二歳春王丸」とあるので、春王丸が兄で、安王丸が弟だったとも指摘されている。

いま安王丸と春王丸の墓は、金蓮寺に二人寄り添うようにひっそりとたたずんでいる。

（編集部）

『結城合戦絵詞』に描かれた安王丸・春王丸の逃避の場面◆結城合戦で敗れた安王丸らは少年であったため、女性の装束で逃避しようとした。しかし、捕縛され、処刑された　国立国会図書館蔵

足利安王丸・春王丸木像◆左が春王丸、右が安王丸の像と伝えられている。どちらも双髻・袴姿である。岐阜県垂井町・金蓮寺蔵

結城氏歴代の墓◆結城合戦で討ち死にした氏朝らを含む初代から16代までの歴代当主の墓である。もともとは慈眼院という寺院にあったが、江戸時代に廃寺となり、廟所のみが残る　茨城県結城市

安王丸・春王丸の墓◆二人が処刑された金蓮寺（岐阜県垂井町）にある。二人の首は京都で首実検にかけられたのち、再び金蓮寺に戻されて埋葬された

古瀬戸灰釉四耳壺◆足利春王丸・安王丸の骨壺と伝わる。昭和34年（1959）の伊勢湾台風の際、二人の墓がある御所野（岐阜県垂井町字御所野）の松が倒れたときに根元から検出されたという　（右）岐阜県垂井町・金蓮寺蔵　（左）タルイピアセンター蔵

13 江《え》の島《しま》合戦《かっせん》——再興鎌倉府のつまずき

結城合戦後、信濃に逃れていた持氏の遺児万寿王丸（のちの成氏）が鎌倉に入って公方となり、上杉憲実の子・憲忠が関東管領となる。ここに鎌倉府は再興された。しかし、上杉憲忠は若年だったため、山内・扇谷上杉氏の家宰である長尾・太田氏の専横が目立ち始めた。宝徳二年（一四五〇）四月、ついには長尾・太田勢が鎌倉の公方御所を襲撃した。

成氏は態勢を立て直すため、二十日の夜に江の島（神奈川県藤沢市）に移った。翌日、長尾・太田勢は腰越《こしごえ》（同鎌倉市）にむけ進軍し、成氏方は小山持政《もちまさ》が七里ヶ浜《しちりがはま》（同市）で防戦している。

その後、由比ヶ浜に長尾・太田勢が押し寄せ、成氏方の千葉胤将《たねまさ》・小田持家《もちいえ》・宇都宮等綱《ともつな》らが応戦した。長尾・太田勢は、多数が討ち死にして相模国糟谷《かすや》荘（神奈川県伊勢原市）に退いた。

こうした状況に対し、前関東管領で、当時は隠居していた上杉憲実（長棟《ちょうとう》）の働きかけもあり、憲実の弟・重方《しげまさ》（道悦《どうえつ》）が両者の仲介をしている。

また、成氏は室町幕府に弁明の書状を送った。当時の幕府管領畠山持国《もちくに》は比較的成氏に好意的であったようで、成氏の意をくんで動いていた。

しかし、上杉方も幕府に働きかけており、物事は順調に進まなかった。成氏はとくに憲実の復帰を強く望み、幕府にくり返し訴え、幕府も憲実らに御教書を数度にわたって出した。

状況は七月になっても膠着していたが、八月には成氏が鎌倉に帰ることになった。しかし、成氏の再三にわたる憲実の復帰願いは実現せず、事態は合戦前と何も変わることはなかった。

（編集部）

江の島と富士山◆江の島合戦以降も成氏が江の島岩本坊に書状を送り、岩本坊も成氏の武運長久を願うなど関係はつづいた　神奈川県藤沢市　画像提供：藤沢市観光協会

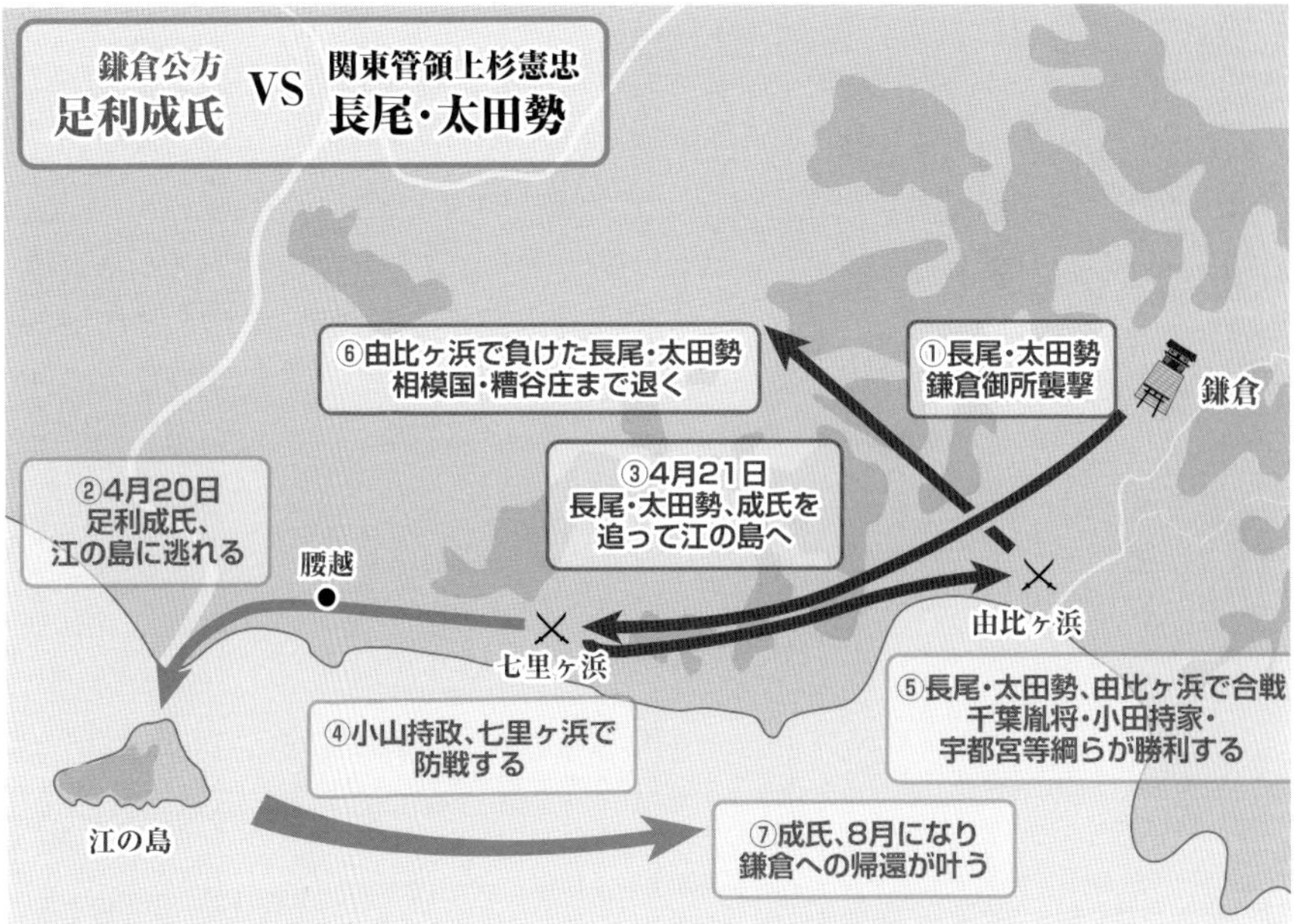
鎌倉公方
足利成氏
VS
関東管領上杉憲忠
長尾・太田勢
⑥由比ヶ浜で負けた長尾・太田勢
相模国・糟谷庄まで退く
①長尾・太田勢
鎌倉御所襲撃
鎌倉
②4月20日
足利成氏、
江の島に逃れる
③4月21日
長尾・太田勢、成氏を
追って江の島へ
腰越
由比ヶ浜
七里ヶ浜
⑤長尾・太田勢、由比ヶ浜で合戦
千葉胤将・小田持家・
宇都宮等綱らが勝利する
④小山持政、七里ヶ浜で
防戦する
江の島
⑦成氏、8月になり
鎌倉への帰還が叶う

14 享徳《きょうとく》の乱《らん》——ついに訪れた鎌倉府の崩壊

享徳三年（一四五四）十二月二十七日、足利成氏が鎌倉西御門《にしみかど》で関東管領上杉憲忠を謀殺した。これは鎌倉府の首長が補佐役を殺害するという、組織の根幹をゆるがす出来事であった。以後、東国は約三十年にわたり公方方と上杉氏およびそれを支援する幕府方に分裂し、争乱を展開していくことになる。いわゆる享徳の乱である。

両勢力の初戦は、享徳四年（康正元年）正月六日に、成氏方が扇谷上杉道朝《どうちょう》（持朝）と山内家被官からなる上杉方を相模国島河原《しまがわら》（神奈川県平塚市）で迎撃した合戦である。このとき成氏自身は出陣しておらず、正月二十一日・二十二日の合戦から成氏自身も出陣した。上野で軍備を調えていた庁鼻和上杉性順《しょうじゅん》（憲信《のりのぶ》）・扇谷上杉顕朝《あきとも》・長尾昌賢《しょうけん》（景仲）らの鎌倉への進軍をうけて、成氏は武蔵国高幡《たかはた》（東京都日野市）・分倍河《ぶばいが》原《わら》（同府中市）で迎撃したのである。この合戦は成氏方が勝利し、敗れた上杉方は常陸国小栗城（茨城県筑西市）に逃れた。

その後、成氏は三月三日に古河（茨城県古河市）に着陣した。ここは、のちに成氏の本拠となる場所である。享徳の乱のなかで、古河在城が恒常化したためといわれている。

このような戦況のなかで、新たに関東管領に就任した上杉房顕（憲忠の弟）が武家御旗を下賜されて、成氏征討のため京都を発っている。

一方、成氏は四月に小栗城へ軍勢を派遣し、自身も結城城に着陣し、五月二十日には小栗城を攻略している。

その後、成氏は小山（栃木県小山市）・佐野天命（同佐野市）・足利荘（同足利市）を転戦したが、七月九日

享徳の乱両陣営対立図

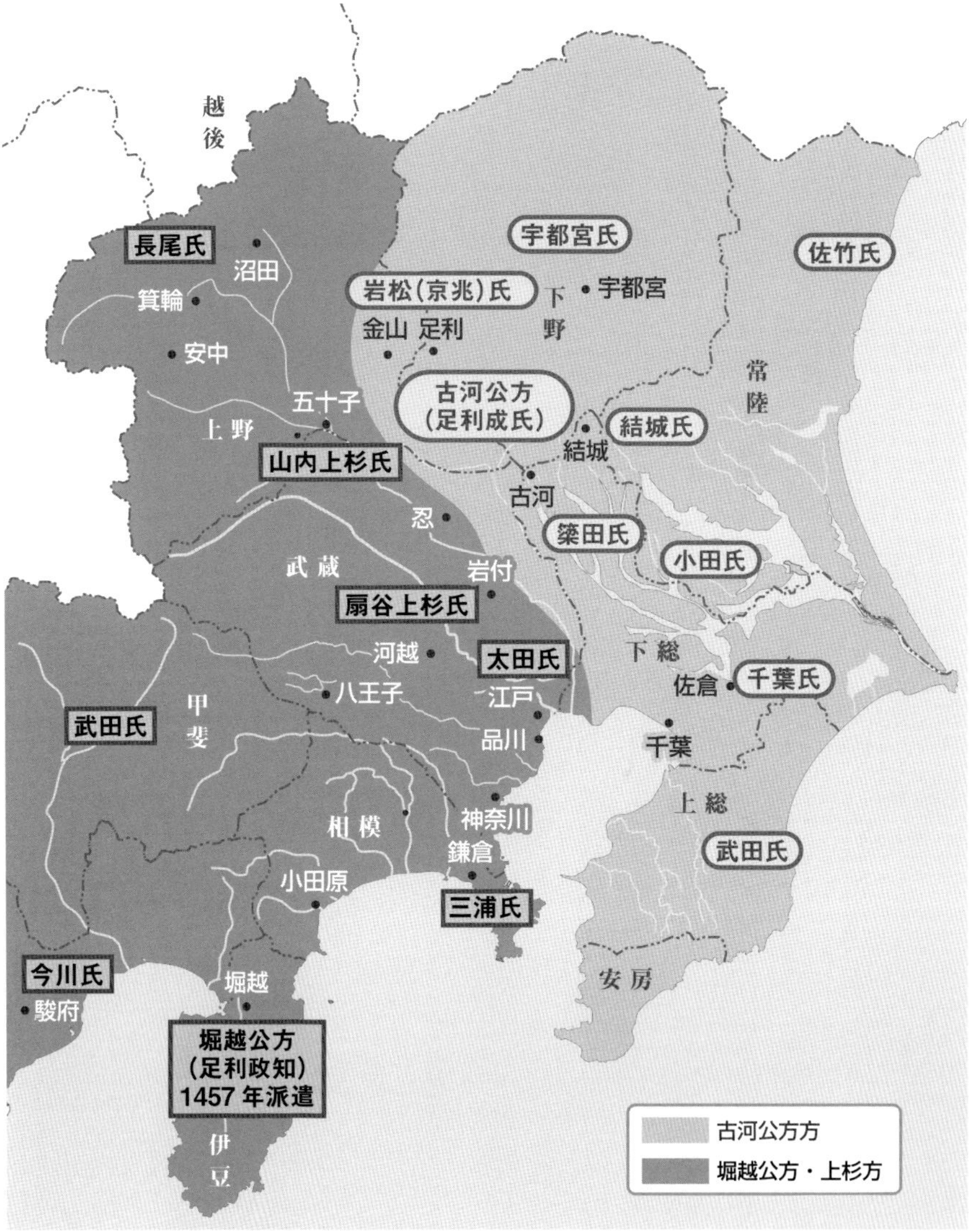

『歴史ＲＥＡＬ　戦国は「関東」からはじまった！　戦国時代の見方が変わる本――関東戦国150年史』（洋泉社、2019年）25頁掲載図をもとに作成

長尾昌賢（景仲）木像◆山内上杉氏の家宰を務め、関東で二人といない知恵者と称された。成氏とは対立し、いくども合戦を行った　群馬県渋川市・雙林寺蔵

に上杉方の主力が攻めてくると知り、小山まで後退した。さらにこの頃、宇都宮等綱が成氏を裏切るなど、成氏方には動揺があったようである。

それでも成氏方は康正二年（一四五六）、下総国市《いち》川《かわ》（千葉県市川市）・下野国茂木《もてぎ》（栃木県茂木町）・武蔵国岡部原《おかべはら》（埼玉県深谷市）などで上杉方と戦い、勝利を収めた。翌年も上野国羽継原《はねつぎはら》（群馬県館林市）など各地で合戦がおこなわれたが、いずれも決定打とはならなかった。

そうしたなか、寛正七年（一四六六）、関東管領上杉房顕が武蔵国五十子《いかっこ》陣（埼玉県本庄市）で没した。五十子陣は、東西二キロメートル弱・南北一キロメートル強の広範囲に構えられた陣で、山内・越後・扇谷各上杉氏の軍勢を中心に、京都からの援軍も集まった上杉方の一大拠点であった。五十子は水陸交通の要地であり、文化・経済の面でも東国の中心地になっていたといわれる。なお、上杉房顕の後継者は越後から上杉房定《ふささだ》の子顕定《あきさだ》が養子として迎えられ、関東管領職を継いだ。

その後も武蔵国北根原《きたねはら》（埼玉県鴻巣市）、上野国毛呂《もろ》島《じま》（群馬県伊勢崎市）、同館林《たてばやし》城（同館林市）などで両軍は合戦を展開したが、文明三年（一四七一）になると上杉方が優勢となり、六月二十四日に成氏は古河城を攻められ、一時、下総千葉氏のもとに逃れることになった。だが、翌年の春には古河城へ帰還し、逆に文明五年（一四七三）十一月二十四日には成氏方が武蔵国五十子に攻め入り、扇谷上杉政真《まさざね》を戦死させている。

さらに、上杉方に予期せぬ事態が起こる。文明八年（一四七六）、長尾景仲の孫にあたる景春《かげはる》が関東管領山内家の家宰になれなかったことを恨んで、武蔵国鉢《はち》

西御門の碑◆成氏が鎌倉西御門で、関東管領上杉憲忠を殺害したことから享徳の乱がはじまった。西御門の地名の由来は、源頼朝の邸宅（大蔵御所）がこの地にあり、その西門の前面にあたるためといわれている　神奈川県鎌倉市

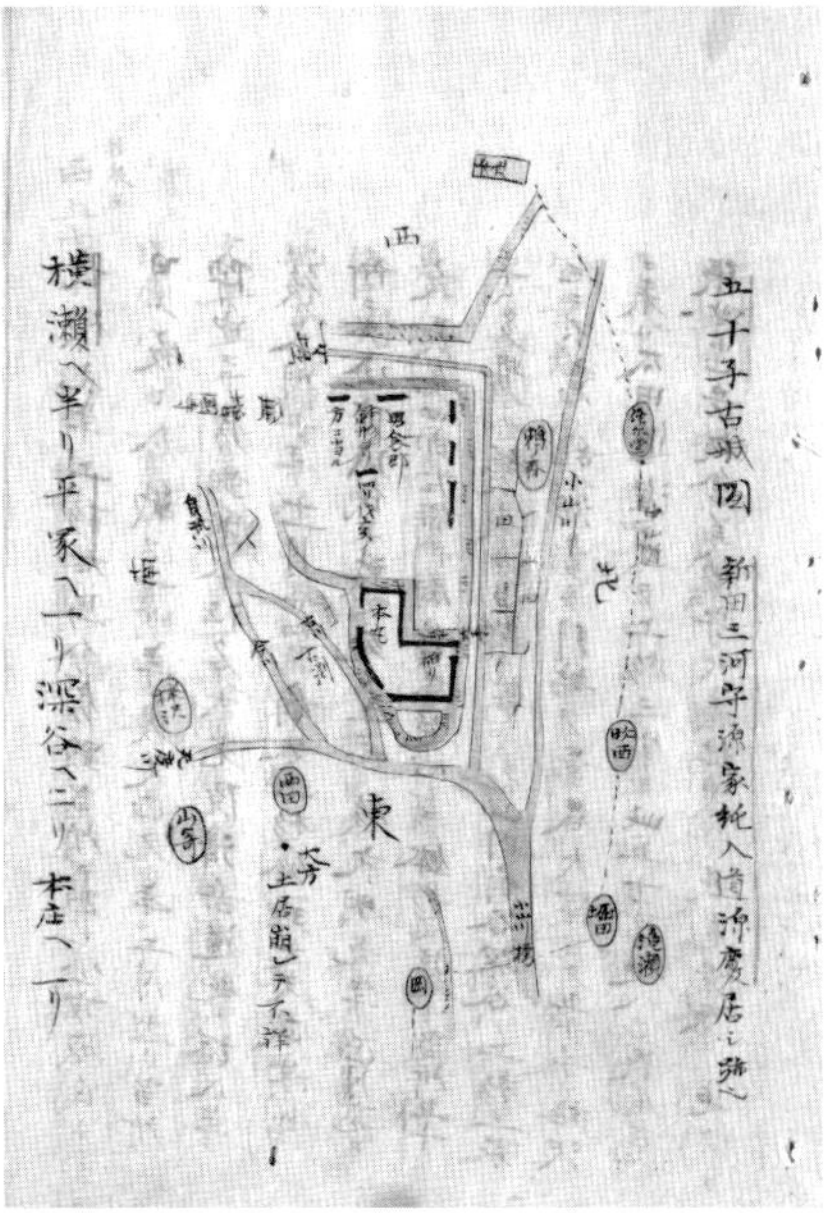

『武蔵鑑』に描かれた五十子古城図◆江戸時代中期の地誌に描かれた図である。本丸・土居といった陣の構造、各地への距離などが書かれている。本図をみると中山道に近いこともわかり、上杉氏はここを本営にする利点が大きかったのだろう　国立国会図書館蔵

五十子陣からの出土品（白磁・国産陶器）◆五十子陣跡といわれる東五十子遺跡から出土した。この頃、白磁は中国で生産されたものが日本に持ち込まれており、権力者が入手できる高級品とされる。写真右側の４点が白磁で、左側の３点が古瀬戸の小皿である。国産陶器も支配階層が使っていたものという　本庄市教育委員会蔵・画像提供：群馬県立歴史博物館

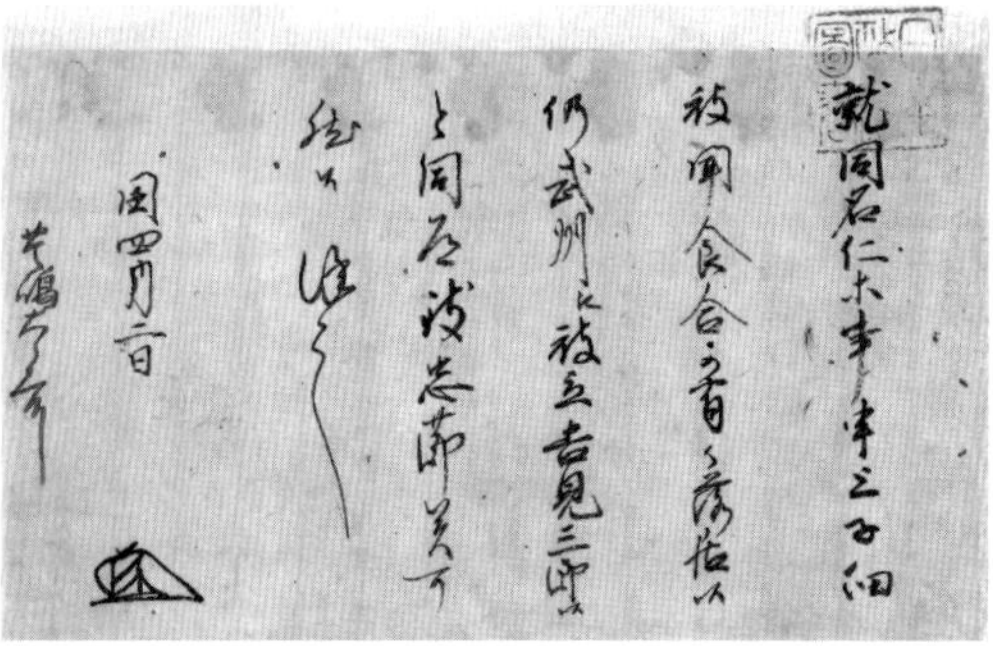

太田道灌木像◆扇谷上杉氏の家宰を務め、関東管領の山内上杉房顕も補佐し、江戸城を築くなど、政治・軍事両面で活躍した。木像は剃髪姿であり、「道灌」の呼称も出家後のものである。道灌は大きな勢力を持ったが、それを恐れた主君の扇谷上杉氏に暗殺されてしまった　東京都北区・静勝寺蔵

形《がた》城（埼玉県寄居町）で挙兵したのだ（長尾景春の乱）。景春は翌年正月に五十子陣を襲撃し、顕定は上野国に没落せざるをえなかった。成氏は景春を支援するため上野国滝などに出陣し、上杉方に迫る。

成氏・景春という両勢力に挟まれるかたちになった上杉方は、文明十年（一四七八）、成氏方との和睦に踏み切った。景春自身はその後も各地で戦いを繰り広げたが、太田道灌《おおたどうかん》の活躍などで文明十二年（一四八〇）に拠点としていた武蔵国日野《ひの》城（埼玉県秩父市）から没落した。

その後、成氏と幕府との和睦交渉も進み、文明十四年（一四八二）に和睦が締結された。これを都鄙《とひ》和睦と呼んでいる。

享徳の乱における成氏と幕府の対立は、元号（年号）にも影響を与え、成氏は改元に従わず、享徳年号を使いつづけた。さらに、長きにわたり戦いが続いたことで、東国武家は成氏方と幕府・上杉方に分裂し、庶家が本家を倒すなど、各所で権力構造の転換が起こった。享徳の乱を機に、東国は戦国時代へと突入したのである。

（編集部）

羽継原合戦供養碑◆享徳の乱で激戦が行われた羽継原合戦の戦死者を供養するために建てられた。碑は宝秀寺の山門前にある。享徳の乱は、現代にまで伝えられていることがわかる　群馬県館林市

（右ページ）享徳４年閏４月２日付け足利成氏感状◆享徳の乱の初期に出されたもの。武蔵国豊島郡を名字の地とする豊島氏に対し、豊島一族に関する申し立ての取り計らいを約束し、成氏方の吉見三郎に従って軍功に励むよう命じている　国立公文書館蔵

縹糸威最上胴丸具足◆伝・古河公方の所用のもので、甘棠院（埼玉県久喜市）に伝来し、２代古河公方の政氏が使用したという。胸板や脇板などの金具廻や草摺に施された古様な桐紋の金蒔絵や、胴板に打たれた二引両紋の八双鋲が当初のものだとすると、足利氏所用の可能性が高いといわれている　埼玉県立歴史と民俗の博物館蔵

鎌倉府略年表

※関東足利氏の歴史第1巻～第5巻の年表に加筆・修正のうえ作成（編集部）

西暦	年号（北朝／南朝）	鎌倉公方	事項
一三三三	元弘三		五月、足利尊氏らの活躍により、鎌倉幕府が滅亡する。 十二月、足利直義、後醍醐天皇の子・成良親王を奉じて鎌倉に下向。鎌倉将軍府が成立する。
一三三五	建武二		七月、鎌倉幕府最後の得宗・北条高時の遺児である北条時行が挙兵し、鎌倉を占拠（中先代の乱）。直義は鎌倉を脱出。 この後、直義を救援するため、後醍醐天皇の許可なく尊氏が東国に向かう。 十一月、尊氏・直義の討伐命令が後醍醐天皇から下され、新田義貞らの軍勢が派遣される。 十二月十一日、尊氏が箱根・竹ノ下で新田義貞軍を破る。これにより、尊氏らは建武政権から離反。
一三三六	建武三／延元元		六月、尊氏、光厳上皇を奉じて入京し、後醍醐天皇は比叡山に没落する。 八月一五日、光厳上皇の弟・豊仁親王が践祚し光明天皇となる。 十二月、後醍醐が京都から脱出し、吉野へ赴く（南北朝時代の始まり）。
一三三八	暦応元／延元三		八月、尊氏が征夷大将軍に任じられる（室町幕府の開創）。 九月、南朝方の北畠親房が常陸国に下向。以後、親房は南朝方の旗頭として東国で活動する。
一三四〇	暦応三／興国元		三月五日、足利基氏が誕生する。幼名光王（亀若とも）。
一三四一	暦応四／興国二		この年、高師冬と上杉憲顕を関東執事に補任する。
一三四三	康永二／興国四		十一月、北畠親房が吉野に戻る。 この年の冬、尊氏の命を受けた高師冬らが関東を平定する。
一三四九	貞和五／正平四	基氏	閏六月、高師直、足利直義により足利尊氏の執事から罷免される。 八月、師直、直義派を追放。直義が失脚し、足利義詮が中央政務に参加することが決まる。 九月九日、基氏、義詮に代わって鎌倉へ向け出発。 十月三日、義詮、鎌倉を発ち十月二十二日に上洛する。
一三五〇	観応元／正平五		十一月、直義、京都を脱出。高師直らを討伐するため兵を募る。 十二月二十五日、関東執事高師冬、直義派の上杉憲顕と対立して鎌倉を没落。基氏を連れて相模飯田へ移る。 十二月二十六日、石塔義房ら、相模湯山で基氏を奪い、高師冬方から上杉憲顕方へ転身する。 十二月二十九日、基氏、鎌倉に戻る。

一三五一	観応二／正平六	正月五日、基氏、判始を行う。 正月十七日、高師冬、上杉憲将らに攻められ、甲斐須沢城にて自害する。 二月、直義、摂津打出浜で尊氏軍を破り、高師直らを誅殺する。 八月、直義、京都から没落して北陸へ向かう。 十一月十五日、直義、鎌倉に入る。 十二月十一日、尊氏、駿河由比・蒲原の戦いで直義軍を破る（薩埵山合戦）。
一三五二	文和元／正平七	正月、尊氏、直義をつれて鎌倉に入る。以後しばらく、尊氏は東国で活動。 正月五日、基氏、尊氏と直義の調停を図るも失敗し、安房で隠居を図る。 正月、基氏、尊氏の慰留によって鎌倉に帰還する。 二月二十五日、基氏が元服する。 二月二十六日、直義、死去（死去の理由については諸説あり）。 閏二月十五日、新田義興・義宗・脇屋義治・北条時行ら南朝方、宗良親王を奉じて挙兵。 閏二月十八日、南朝方、鎌倉を占拠。 閏二月二十日、尊氏と南朝方・旧直義派、武蔵小金井原・人見原等で衝突。 閏二月二十八日、尊氏、武蔵小手指原・高麗原等で南朝方・旧直義派を破る（武蔵野合戦）。 三月二日、南朝方・旧直義派、鎌倉を脱出。 三月十二日、尊氏らが鎌倉に入る。 三月十三日、基氏、御沙汰始（政務始め）を行う。
一三五三	文和二／正平八	七月二十八日、基氏、武蔵入間川に陣を張る（入間川御陣）。畠山国清、関東執事に就任。 七月二十九日、尊氏、東国を基氏に任せ京都へ向かう。
一三五八	延文三／正平十三	四月三十日、足利尊氏が死去する。 十月十日、畠山国清、新田義興を武蔵矢口で誅殺する。
一三五九	延文四／正平十四	二月七日、基氏、幕府による南朝討伐のため波多野・金子・高麗・別苻氏らに畿内出兵を命じる。 八月十二日、足利氏満が誕生する。幼名金王丸。 九月十一日、基氏、幕府による南朝討伐のため金子・茂木氏らに畿内出兵を命じる。 十月八日、関東執事畠山国清、畿内南朝討伐のため、基氏の名代として武蔵入間川を発ち、東国勢を率いて上洛する。
一三六〇	延文五／正平十五	三月、幕府軍、河内と紀伊で南朝方と交戦する。 七月、国清、東国諸氏の離脱もあり鎌倉に帰還。
一三六一	康安元／正平十六	十一月二十三日、国清、罷免され基氏から離反する。 十一月二十六日、基氏、波多野・安保氏に畠山国清討伐の出兵を命じる。

一三六二	貞治元／正平十七		二月二十一日、基氏、岩松直国に白旗一揆等を率いて伊豆に籠もる畠山国清を討伐するよう発向を命じる。 三月十二日、鎌倉府軍、伊豆に着陣。 四月十四日、鎌倉府軍、畠山国清方の三戸城を落城させる。 四月二十五日、高師有、関東執事の初見。 八月、基氏、畠山国清討伐のため自ら伊豆へ進軍。 九月十日、畠山国清・義深、修善寺城を落とされ降伏。その後、逐電し、ゆくえ知れずとなる。 九月十五日、金王丸（氏満）、入間川に在陣。
一三六三	貞治二／正平十八		三月二十四日、基氏、上杉憲顕を関東執事として召還。 八月二十六日～三十日、基氏、武蔵岩殿山にて上杉憲顕の復帰を妨害する芳賀高貞らに圧勝（岩殿山合戦）。 九月五日、基氏、下野小山に入り、宇都宮氏綱が降伏する。
一三六四	貞治三／正平十九		三月八日、基氏、「行宣政院」を設置する。 七月二十八日、基氏、世良田義政を追討する。
一三六五	貞治四／正平二十		五月四日、尊氏の後室赤橋登子が死去。義詮・基氏が喪に服す。 十月八日、基氏の近習たちが六波羅蜜寺に馬を奉加。
一三六七	貞治六／正平二十二	氏満	四月二十六日、基氏が死去する。 五月三日、基氏の訃報が京都に届き、「天下之重事」とされる。 五月七日、朝廷、基氏の死により五月三日から七日間の雑訴停止を決定。 五月二十八日、佐々木導誉、義詮の命により関東の政務を見るため鎌倉に下向。 五月二十九日、金王丸（氏満）、第二代鎌倉公方に就任。 七月八日、上杉憲顕、金王丸（氏満）の名代として上洛。 十二月七日、義詮、死去。義詮の死去にともない、佐々木導誉が帰京する。 十二月十九日、金王丸（氏満）、義詮の死去に際し、京都に使者を派遣。
一三六八	応安元／正平二十三		二月、河越直重を中心とする平一揆、武蔵河越で蜂起する（平一揆の乱）。 三月、上杉憲顕、平一揆挙兵の報を聞き、鎌倉へ帰還。 閏六月二日、上杉朝房、平一揆を討伐し、鎌倉へ帰還。以後、鎌倉府内部で上杉氏の力が拡大する。 七月、新田義宗・脇屋義治、上越国境で挙兵。上杉憲顕勢がこれを破る。
一三六九	応安二／正平二十四		十一月二十一日、氏満が元服する。
一三七三	応安六／文中二		十二月二十四日、氏満、判始・番文始を行う。
一三七六	永和二／天授二		五月十日、氏満、関東管領の任免権は幕府にあるとして、上杉能憲の辞意を却下。 五月十三日、上杉能憲、幕府に働きかけ関東管領を辞す。 八月十九日、氏満、上杉能憲を関東管領に復帰させる。

一三七八	永和四／天授四	この年、足利満兼が誕生する。幼名寿王丸。
一三七九	康暦元／天授五	この年、氏満、幕府での細川頼之排除の動きに反応。 四月、関東管領・上杉憲春が自害する。 四月十五日、将軍足利義満、上杉憲方を関東管領とすることを氏満に命じる。 氏満、野心なき旨の自筆告文を義満に提出して詫びる。 閏四月、幕府内の政変により細川頼之が失脚（康暦の政変）。 五月二日、義満、氏満の自筆告文に対して自筆の書状を送る。
一三八〇	康暦二／天授六	五月十六日、小山義政、下野裳原で宇都宮基綱を破る。 六月一日、氏満、関東八ヶ国の武士に小山義政討伐への出兵を命じる（小山義政の乱）。 六月十五日、氏満、義政討伐のため、上杉憲方・朝宗・木戸法季を大将として発向させる。自身も武蔵府中へ出陣。 八月九日～二十九日、鎌倉府軍、祇園城・義政屋敷周辺で小山勢と戦闘。 九月十九日、小山義政が降伏し、武蔵村岡にいる氏満のもとへ使者を遣わす。
一三八一	永徳元／天授七（弘和元）	正月十二日、氏満、幕府に武蔵白旗一揆の動員許可を要請。 二月十五日、上杉朝宗・木戸法季、小山義政を討伐するため再び進軍。 八月十二日、鎌倉府軍、鷲城攻めへ向かう。 十二月十二日、小山義政が降伏、出家する。
一三八二	永徳二／弘和二	三月二十二日、小山義政・若犬丸、祇園城から退去し、糟尾城で再び挙兵。 四月十三日、小山義政が自害する。 六月四日、氏満の母（基氏後室）清渓尼、死去。 十二月二十四日、義満、氏満の行動に対し野心を疑う。
一三八三	永徳三／弘和三	八月七日、義満、六月に氏満が隠居しようとしたことを怪しむ。
一三八五	至徳二／元中二	六月晦日、義満・斯波義将・義堂周信ら幕府首脳部が、河越・高坂氏について談じる。
一三八六	至徳三／元中三	五月二十七日、小山若犬丸、祇園城を奪い挙兵する。 六月十八日、小山若犬丸、下野古枝山にて下野守護代木戸元連を撃破。 七月二日、氏満、小山若犬丸討伐に発向する。武蔵府中を経由して下総古河へ。 七月十二日、小山若犬丸、祇園城から退去する。
一三八七	嘉慶元／元中四	五月、常陸小田氏の館に小山若犬丸が隠匿されていることが発覚。 六月十三日、氏満、鎌倉にて小田孝朝父子三人を捕縛（小田孝朝の乱）。 七月十九日、上杉朝宗、常陸にいる小田孝朝の子息を討伐するため発向する。
一三八八	嘉慶二／元中五	五月十八日、鎌倉府軍、小田方の常陸男体城を落城させる。 九月、義満、富士遊覧を敢行。氏満に対する圧力か。
一三九一	明徳二／元中八	二月、奥羽両国の管轄が幕府より鎌倉府へ移管される。

一三九四	応永元		十二月十七日、義満の子・義持が第四代将軍となる。
一三九六	応永三		春、小山若犬丸、陸奥の田村庄司を頼る。 二月二十八日、氏満、小山若犬丸討伐に発向し、武蔵府中・同村岡・下総古河へ移る。 五月二十七日、氏満、田村庄司追討のために発向し、陸奥白河に着陣する（田村庄司の乱）。
一三九八	応永五	満兼	この年、足利持氏が誕生。幼名幸王丸。 十一月四日、氏満が死去する。 十二月、足利満兼、父氏満の跡を継ぎ第三代鎌倉公方となる。
一三九九	応永六		この年、満兼の命により弟満貞が陸奥稲村に、同じく弟満直が陸奥篠川に下向する。 十月、大内義弘、足利義満と対立し和泉堺で挙兵し、幕府軍が鎮圧に向かう（応永の乱）。 十月二十七日、満兼、児玉孫八・次郎に対し「天下事」につき軍勢催促をする。 十月二十八日、大内義弘、興福寺に対し満兼が京都に向かって出発することを伝える。 十一月二十一日、満兼、京都に向かうため武蔵府中へ発向する。 十二月二十一日、大内義弘、幕府軍の前に敗死する。 十二月二十九日、義満、満兼を赦免する。
一四〇〇	応永七		三月八日、伊達政宗、鎌倉府に叛逆する（伊達政宗の乱）。 四月、下野足利荘が幕府より鎌倉府へ移管される。 六月四日、上杉憲定、満兼の命により満兼の庶子乙若丸（持仲）を上野から迎え、鎌倉に戻る。 六月十五日、満兼、応永の乱後の和睦に関し伊豆三島社に願文をおさめる。 七月、満兼、奥州の叛乱につき幕府に助けを求める。 十月、伊達政宗が降伏する。
一四〇二	応永九		五月、伊達政宗、再び足利満貞に叛逆する。 五月二十日、上杉氏憲、伊達政宗討伐のため陸奥に発向。 七月十七日、満兼「狂気」の風聞が京都に届く。 九月、上杉氏憲、鎌倉に帰還。
一四〇七	応永十四		八月二十九日、火事により公方御所が炎上。満兼は宍戸基家亭へ移る。
一四〇八	応永十五		七月十三日、公方御所新造のための釿始が行われる。奉行は上杉氏憲が勤める。 八月二十七日、新造御所の立柱上棟が行われる。 十二月七日、満兼、新造御所へ移る。
一四〇九	応永十六	持氏	七月二十二日、満兼が死去。 同日、上杉朝宗、満兼の死去にともない上総長柄山に隠棲する。 九月、幸王丸（持氏）が第四代鎌倉公方となる。
一四一〇	応永十七		八月十五日、幸王丸（持氏）、叔父満隆に謀反の風聞があるため、上杉憲定亭に移る。 九月三日、この頃、上杉憲定、関東管領を辞し、代わって上杉禅秀（氏憲）が同職に就任する。 十二月二十三日、持氏が元服する。

一四一三	応永二十	陸奥の伊達持宗ら、鎌倉府に反旗を翻す。 四月十八日、畠山国詮、伊達持宗らの討伐に発向する。
一四一五	応永二十二	四月二十五日、上杉禅秀、持氏により家人越幡六郎の所領が没収されたことに怒り、籠居する。 五月二日、禅秀、関東管領を辞す。 五月十八日、上杉憲基、禅秀に代わって関東管領に就任する。 七月二十日、持氏と上杉禅秀の対立により、諸軍勢が鎌倉に集まり、騒動が起こる。 八月九日、禅秀、再び鎌倉府に出仕する。
一四一六	応永二十三	十月二日、上杉禅秀・満隆、持氏の弟持仲を擁立し、御所にいた持氏を襲撃（上杉禅秀の乱勃発）。 十月三日、持氏、鎌倉佐介の上杉憲基亭へ避難する。 十月四日、持氏方と禅秀方が佐介周辺で対峙する。 十月六日、持氏・上杉憲基、禅秀方に敗北して鎌倉から没落する。 十月二十八日、駿河に在国していた持氏から幕府に対して救援要請が届く。 十月二十九日、幕府、持氏を支援することを決定。 十二月十一日、持氏、義持に武家御旗を要請。
一四一七	応永二十四	正月九日、満隆・禅秀、武蔵瀬谷原の合戦で持氏方に敗れ、鎌倉へ退却する。 正月十日、満隆・禅秀ら、鎌倉雪下で自害する。 正月十七日、持氏、鎌倉に戻り、浄智寺に入る。 四月二十八日、上杉憲基、関東管領を辞任。伊豆三島に籠居する。 閏五月二十四日、上杉憲基、伊豆三島から鎌倉に帰参する。 閏五月二十五日、持氏、上杉憲基に上野・伊豆闕所分を安堵する。 六月晦日、上杉憲基、再び関東管領に就任する。 八月七日、幕府、上総守護として宇都宮持綱を推挙する。 十月、持氏、幕府が命じた宇都宮持綱の上総守護補任を拒否する。
一四一八	応永二十五	九月十五日、持氏、宇都宮持綱の上総守護補任を了承する。 十月十二日、持氏、幕府から提示された上杉憲基跡を中分する件、および常陸守護に山入与義を補任する件について難色を示す。
一四一九	応永二十六	正月八日、上杉憲実、関東管領に就任する。
一四二〇	応永二十七	十二月、持氏、従三位に昇進する。
一四二一	応永二十八	正月二十六日、持氏、三位昇進のお礼のため木戸氏範を幕府へ送る。 四月二十八日、義持、持氏へ甲斐守護に武田信元を、常陸守護に山入与義を補任するよう命令を下す。 九月、吉見伊代守、持氏の命により甲斐の武田信長を討伐するため発向する。
一四二二	応永二十九	三月五日、義持、甲斐守護に武田信元を補任するよう持氏へ重ねて命じる。 六月十三日、持氏、京都扶持衆の小栗満重を討伐するため上杉定頼・小山満泰等を出兵させる。 閏十月十三日、持氏、山入与義を攻め、自害させる。

一四二三	応永三十	五月二十八日、持氏、小栗満重・宇都宮持綱を討伐するため武蔵府中へ出陣する。 六月五日、幕府、宇都宮持綱に持氏の行動に従わぬよう命じる。また、山入祐義を常陸守護に、武田信重を甲斐守護に補任する。 八月二日、持氏、常陸小栗城を落城させ、小栗満重を滅亡させる。 八月二日、持氏方、真壁秀幹を常陸真壁城で破る。 八月三日、幕府、春日社・興福寺・東大寺に対し、持氏退治の祈祷を命じる。 八月八日、幕府、関東討伐のため御旗を作成。 八月九日、宇都宮持綱、家中の親鎌倉府派に離反され、下野塩谷にて自害する。
一四二四	応永三十一	二月五日、持氏、幕府へ異心なき旨の告文・誓文を提出する。 九月八日、鎌倉府と室町幕府の和睦が成立する。 十一月二十日、満貞、陸奥稲村から鎌倉へ戻る。
一四二五	応永三十二	閏六月十一日、幕府、持氏の訴えで山入祐義・武田信重の処遇を再考する。 閏六月十七日、持氏叛逆の風聞が京都で流れる。 八月十六日、上杉憲直、持氏の命により甲斐武田氏を討伐するため発向する。 十一月三十日、持氏、義持の猶子となって上洛することを望む。
一四二六	応永三十三	六月二十六日、一色持家、持氏の命により甲斐の武田信長を討伐するため発向する。 八月二十五日、武田信長が降伏し、鎌倉府に出仕する。
一四二八	正長元	正月十八日、四代将軍義持が死去。 五月二十五日、持氏、将軍が不在となった京都に上洛しようとするが、上杉憲実の策と諫言のため断念する。 十月、持氏、越後守護代長尾邦景や同国国人に対し、幕府からの離反をそそのかす。
一四二九	永享元	三月、義宣（義教）、第六代将軍に就任する。 六月、持氏、下野那須口へ一色直兼を、常陸佐竹へ上杉定頼を派遣する。 七月二十四日、篠川公方足利満直、持氏による結城白河氏討伐を幕府に報告する。 九月二日、満直、幕府に自身への関東政務を任せる御内書および、結城・千葉・小山氏らへの御内書の発給を要請。 十二月、持氏、鎌倉で大掾満幹を誅殺する。
一四三一	永享三	三月、二階堂盛秀、持氏の命により関東使節として上洛する。 三月二十日、義教、二階堂盛秀と対面すべきかどうかを諸大名に諮問。 四月二日、成氏が誕生。幼名万寿王丸。 七月十七日、諸大名、義教へ二階堂盛秀と対面するように説得する。 七月十九日、義教、関東使節二階堂盛秀と対面し、幕府と鎌倉府が和睦する。
一四三二	永享四	三月二十日、持氏の永享年号の使用初見。 九月十日、義教、富士遊覧に出発。持氏に対する圧力か。 九月二十日、義教、駿河清見寺に渡御した後、駿河国府に還御する。

一四三三	永享五		六月六日、武田信長が駿河辺に没落したことにより、持氏と上杉憲実が信長の討伐命令を幕府へ要請する。
一四三四	永享六		三月十八日、持氏、鶴岡八幡宮に「呪詛怨敵」と記した血書願文を捧げる。 十月二十八日、持氏の野心を報じる注進が駿河から幕府に届く。
一四三五	永享七		十月、持氏、山入祐義の討伐を決定する。
一四三六	永享八		この年、持氏、信濃の内紛に介入し、村上頼清に加勢するため桃井憲義を派遣。
一四三七	永享九		四月、持氏、上杉憲直に信濃出陣を命じる。だが、これは上杉憲実討伐のためとの風聞が流れる。 六月、上杉憲実の被官らが鎌倉に集まり、騒動が起こる。 六月十五日、上杉憲直・憲家父子、責任を取って相模藤沢へ籠居する。 七月二十七日、持氏の近臣・一色直兼、相模三浦へ蟄居する。 八月十三日、持氏、対立していた上杉憲実を関東管領に復帰させる。
一四三八	永享十		六月、持氏、憲実の諫止を無視して息子・賢王丸（義久）を元服させる。憲実暗殺の風聞があったことから、憲実は元服式には出席せず。また、持氏は一色直兼・憲直を復帰させる。 八月、上杉憲実、難を逃れるため上野へ向かう。 八月十五日、持氏、上杉憲実を討伐するため、武蔵高安寺に出陣する（永享の乱）。 九月十二日、世尊寺行豊、義教の命により持氏討伐のための錦御旗を書く。 九月十四日、義教、持氏討伐の願文を水無瀬社に捧げる。 九月十九日、この頃、持氏に対する治罰綸旨・錦御旗が出される。 九月二十一日、義教、自ら持氏討伐に赴くことを計画する。 九月二十七日、上杉憲直、相模小田原・風祭・早河尻で幕府軍に敗北。 九月二十八日、持氏、相模海老名に陣を移す。 十月三日、三浦時高、持氏方から離反して三浦に退去する。 十一月二日、持氏、海老名から鎌倉に向かう途中、相模葛原にて山内上杉氏の家宰・長尾忠政に遭遇し、降伏する。 十一月四日、持氏、浄智寺・永安寺を経て金沢称名寺に移る。 十一月五日、持氏、出家か。 十一月十一日、持氏、永安寺に幽閉される。 十二月八日、上杉憲実、持氏・義久を助命するよう義教に嘆願する。 十二月八日、上杉憲直父子・一色直兼らの首が京都に届き、六条河原に晒される。 十二月十五日、上杉憲実、持氏・義久の助命を再び義教に嘆願する。
一四三九	永享十一		正月二十三日、持氏方に荷担した鶴岡別当の尊仲が誅殺される。 二月十日、憲実の嘆願も実らず、持氏・満貞、上杉持朝・千葉胤直に攻められ、子女らとともに永安寺にて自害する。 二月二十八日、義久、報国寺にて自害する。 六月二十八日、上杉憲実、持氏を助けられなかったことを悔い、永安寺にて自害を図るも未遂。
一四四〇	永享十二	不在	三月、結城氏朝・持朝父子が持氏の遺児安王丸・春王丸を擁立し、挙兵（結城合戦）。

			七月二十九日、幕府、上杉憲実の弟・清方を総大将とする軍勢を派遣し、結城氏朝らが拠る結城城を包囲する。
一四四一	永享十三（嘉吉元）		四月十六日、幕府軍の攻撃により結城城が落城。結城氏朝・持朝らは討ち死に。 五月十六日、安王丸・春王丸が美濃垂井で幕府方に殺害される。 六月二十四日、義教、結城合戦の戦勝を祝うため招かれた赤松邸で殺害される（嘉吉の乱）。
一四四二	嘉吉二		十一月、義教の子義勝が第七代将軍となる。
一四四四	文安元		十一月～十二月、万寿王丸（成氏）、信濃で御代始を行う。
一四四七	文安四		八月二十七日、万寿王丸（成氏）、鎌倉に入る。
一四四八	文安五		十一月二十一日、この日までに上杉憲忠が関東管領に就任する。
一四四九	宝徳元	成氏	七月三日、万寿王丸の名前が成氏に決定する。 この年、鎌倉府の再興が決定される。
一四五〇	宝徳二		四月二十日、成氏、江の島に移る。 四月二十一日、成氏、長尾景仲（昌賢）・太田資清（道真）軍と戦闘状態に入る（江の島合戦）。 九月二十一日、成氏、代始めとして鶴岡八幡宮に徳政令を出す。 十月、上杉憲忠、職を辞して出奔するも、説得を受け政務に復帰。
一四五四	享徳三		十二月、成氏、上杉憲忠を西御門で謀殺する（享徳の乱勃発）。
一四五五	康正元		正月二十一日・二十二日、成氏、武蔵高幡・分倍河原で上杉方との戦いに勝利し、上杉憲顕・上杉顕房が討ち死にする。 三月三日、成氏、下総古河に着陣（鎌倉府崩壊。古河公方の成立）。 三月三十日、成氏征討のため関東に向かう上杉房顕に武家御旗が下賜される。
一四六六	文正元		二月十二日、関東管領上杉房顕が武蔵五十子陣で死去。
一四六八	応仁二		閏十月一日、成氏、那須氏に西軍足利義視との都鄙合体について伝える。
一四七三	文明五		十一月二十四日、成氏軍、武蔵国五十子陣の上杉方を攻め、扇谷上杉政真が戦死。
一四七七	文明九		正月十八日、長尾景春、五十子陣を襲撃（長尾景春の乱）。上杉顕定は上野阿内に逃れる。
一四七八	文明十		正月二日、成氏、上杉方と和睦する。
一四八二	文明十四		十一月、成氏と幕府の和睦が成立する（都鄙和睦）。

【主要参考文献】※副題は省略（編集部）

阿部能久『戦国期関東公方の研究』（思文閣出版、二〇〇六年）

家永遵嗣『室町幕府将軍権力の研究』（東京大学日本史学研究叢書、一九九五年）

石橋一展「南北朝・室町期における東国武士受給感状の特質」（佐藤博信編『関東足利氏と東国社会』岩田書院、二〇一二年）

石橋一展「南北朝・室町期東国における戦功認定と大将─軍忠状・着到状の分析から─」（佐藤博信編『中世東国の政治と経済』岩田書院、二〇一六年）

市村高男『戦国期東国の都市と権力』（思文閣出版、一九九四年）

伊藤喜良『中世国家と東国・奥羽』（校倉書房、一九九九年）

岩崎　学「上杉憲顕の鎌倉復帰」（『國學院大學大学院紀要』文学研究科二〇、一九八九年）

井原今朝男『中世日本の信用経済と徳政令』（吉川弘文館、二〇一五年）

植田真平『鎌倉府の支配と権力』（校倉書房、二〇一八年）

植田真平編著『足利持氏』（シリーズ・中世関東武士の研究第二〇巻、戎光祥出版、二〇一六年）

内山俊身「戦国期東国の首都性について─古河公方成立とその歴史的前提から─」（江田郁夫・築瀬大輔編『北関東の戦国時代』高志書院、二〇一三年）

漆原　徹『中世軍忠状とその世界』（吉川弘文館、一九九七年）

江田郁夫『室町幕府東国支配の研究』（高志書院、二〇〇八年）

小川　信『足利一門守護発展史の研究』（吉川弘文館、一九八〇年）

小川剛生『足利義満』（中央公論社、二〇一二年）

小国浩寿『鎌倉府体制と東国』（吉川弘文館、二〇〇一年）

小国浩寿　『鎌倉府と室町幕府』（動乱の東国史5、吉川弘文館、二〇一三年）
勝守すみ　『長尾氏の研究』（名著出版、一九七八年）
亀ヶ谷憲史　「足利義持期の室町幕府と鎌倉府」（『日本史研究』六三三、二〇一五年）
亀田俊和　「応永三〇年の室町幕府と鎌倉府」（『地方史研究』六九―一、二〇一九年）
亀田俊和　『高一族と南北朝内乱』（中世武士選書第三二巻、戎光祥出版、二〇一六年）
亀田俊和　『室町幕府管領施行システムの研究』（思文閣出版、二〇一三年）
亀田俊和　『観応の擾乱』（中公新書、二〇一七年）
木下　聡　『室町幕府の外様衆と奉公衆』（同成社、二〇一八年）
久保田順一　「室町・戦国期上野の地域社会」（岩田書院、二〇〇六年）
久保田順一　『上杉憲顕』（中世武士選書第一三巻、二〇一二年）
久保田順一　『新田三兄弟と南朝』（中世武士選書第二八巻、二〇一五年）
黒嶋　敏　『中世の権力と列島』（高志書院、二〇一二年）
黒田基樹　『長尾景仲』（中世武士選書第二六巻、戎光祥出版、二〇一五年）
黒田基樹編著　『関東管領上杉氏』（シリーズ・中世関東武士の研究第一一巻、戎光祥出版、二〇一三年）
黒田基樹編著　『足利基氏とその時代』（関東足利氏の歴史第1巻、戎光祥出版、二〇一三年）
黒田基樹編著　『足利氏満とその時代』（関東足利氏の歴史第2巻、戎光祥出版、二〇一四年）
黒田基樹編著　『足利満兼とその時代』（関東足利氏の歴史第3巻、戎光祥出版、二〇一五年）
黒田基樹編著　『足利持氏とその時代』（関東足利氏の歴史第4巻、戎光祥出版、二〇一六年）
黒田基樹編著　『足利成氏とその時代』（関東足利氏の歴史第5巻、戎光祥出版、二〇一八年）
小池勝也　「『吾妻鏡』以後の鎌倉勝長寿院と東国武家政権」（『千葉史学』六五、二〇一四年）
小池勝也　「室町期鶴岡八幡宮における別当と供僧」（『史学雑誌』一二四―一〇、二〇一五年）

呉座勇一「白旗一揆と鎌倉府体制」（佐藤博信編『関東足利氏と東国社会』岩田書院、二〇一二年）
呉座勇一「鎌倉府軍事制度小論」（『千葉史学』六五、二〇一四年）
小林保夫「南北朝・室町期の京と鎌倉―鎌倉府発給文書の分析―（上）」および「同（下）」（『堺女子短期大学紀要』十七および十八、ともに一九八二年）
駒見敬祐「南北朝期鎌倉府体制下の犬懸上杉氏」（『文学研究論集』（明治大学大学院研究紀要）三九、二〇一三年）
駒見敬祐「関東管領上杉朝宗考」（『文学研究論集』（明治大学大学院研究紀要）四六、二〇一六年）
駒見敬祐「応安大火後円覚寺造営における室町幕府と鎌倉府」（『鎌倉』一二四、二〇一八年）
小森正明『室町期東国社会と寺社造営』（思文閣出版、二〇〇八年）
桜井英治『日本の歴史12　室町人の精神』（講談社学術文庫、二〇〇九年。初出二〇〇一年）
佐藤進一『日本の歴史9　南北朝の動乱』（中央公論社、一九六五年）
佐藤博信『古河公方足利氏の研究』（校倉書房、一九八九年）
佐藤博信『中世東国の支配構造』（思文閣出版、一九八九年）
佐藤博信『続中世東国の支配構造』（思文閣出版、一九九六年）
佐藤博信『中世東国の権力と構造』（校倉書房、二〇一三年）
清水克行『足利尊氏と関東』（人をあるく、吉川弘文館、二〇一三年）
白根靖大編『室町幕府と東北の国人』（東北の中世史3、吉川弘文館、二〇一五年）
杉山一弥『室町幕府の東国政策』（思文閣出版、二〇一四年）
杉山一弥「小田孝朝の乱にみる常陸男体山と室町幕府」（『國學院雑誌』一一二―一〇、二〇一一年）
杉山一弥「宇都宮氏綱の乱と鎌倉府の体制転換」（『東京学芸大学紀要』人文社会科学系Ⅱ第六七集、二〇一六年）
杉山一弥「室町幕府と鎌倉公方」（亀田俊和編『初期室町幕府研究の最前線』洋泉社、二〇一八年）
田中大喜「武蔵武士団の南北朝時代」（『多摩のあゆみ』一七二、二〇一八年）

田中義成『南北朝時代史』（明治書院、一九二二年）
田中義成『足利時代史』（明治書院、一九二三年）
田辺久子『上杉憲実』（吉川弘文館、一九九九年）
田辺久子『関東公方足利氏四代』（吉川弘文館、二〇〇二年）
谷口雄太「足利氏御一家考」（佐藤博信編『関東足利氏と東国社会』岩田書院、二〇一二年）
谷口雄太「足利一門再考」（『史学雑誌』一二二―一二、二〇一三年）
谷口雄太「朝香神社棟札の翻刻と紹介」（『常総中世史研究』七、二〇一九年）
中世後期研究会編『室町・戦国期研究を読みなおす』（思文閣出版、二〇〇七年）
中島丈晴「南北朝期における戦功確認と実験帳の機能」（井原今朝男編『生活と文化の歴史学』3富裕と貧困、竹林舎、二〇一三年）
永原慶二『日本封建制成立過程の研究』（岩波書店、一九六一年）
新田一郎『日本の歴史11　太平記の時代』（講談社学術文庫、二〇〇九年。初出二〇〇一年）
則竹雄一『古河公方と太田道灌』（動乱の東国史6、吉川弘文館、二〇一二年）
松本一夫『東国守護の歴史的特質』（岩田書院、二〇〇一年）
松本一夫『中世武士の勤務評定』（戎光祥選書ソレイユ005、戎光祥出版、二〇一九年）
峰岸純夫『中世の東国』（東京大学出版会、一九八九年）
峰岸純夫『享徳の乱』（講談社選書メチエ、二〇一七年）
桃崎有一郎「初期室町幕府の執政と「武家探題」鎌倉殿の成立」（『古文書研究』六八号、二〇一〇年）
桃崎有一郎「観応擾乱・正平一統前後の幕府執政「鎌倉殿」と東西幕府」（『年報中世史研究』三六号、二〇一一年）
森田真一『上杉顕定』（中世武士選書第二四巻、戎光祥出版、二〇一四年）
山田邦明『鎌倉府と関東』（校倉書房、一九九五年）

山田邦明『室町の平和』（日本中世の歴史5、吉川弘文館、二〇〇九年）
山田邦明『鎌倉府と地域社会』（同成社、二〇一四年）
山家浩樹「室町時代の政治秩序」（歴史学研究会・日本史研究会編『日本史講座第4巻　中世社会の構造』（東京大学出版会、二〇〇四年）
湯浅治久「武蔵白旗一揆の展開と在地社会の変動」（『多摩のあゆみ』一七二号、二〇一八年）
湯山　学『湯山学中世史論集4（鎌倉府の研究）』（岩田書院、二〇一一年）
湯山　学『鎌倉府と相模武士』上・下（戎光祥出版、二〇一四年）
吉田賢司『室町幕府軍制の構造と展開』（吉川弘文館、二〇一〇年）
和氣俊行「室町・戦国期東国社会における関東公方観」（『栃木県立文書館研究紀要』一二、二〇〇八年）
渡辺世祐『関東中心足利時代の研究』（雄山閣出版、一九二六年）
綿貫友子『中世東国の太平洋海運』（東京大学出版会、一九九八年）

さらに詳細な参考文献は、黒田基樹編著『足利満兼とその時代』（戎光祥出版、二〇一五年）、同編著『足利成氏とその時代』（戎光祥出版、二〇一八年）に収載の文献目録を参照されたい。

鎌倉府関係史跡地図

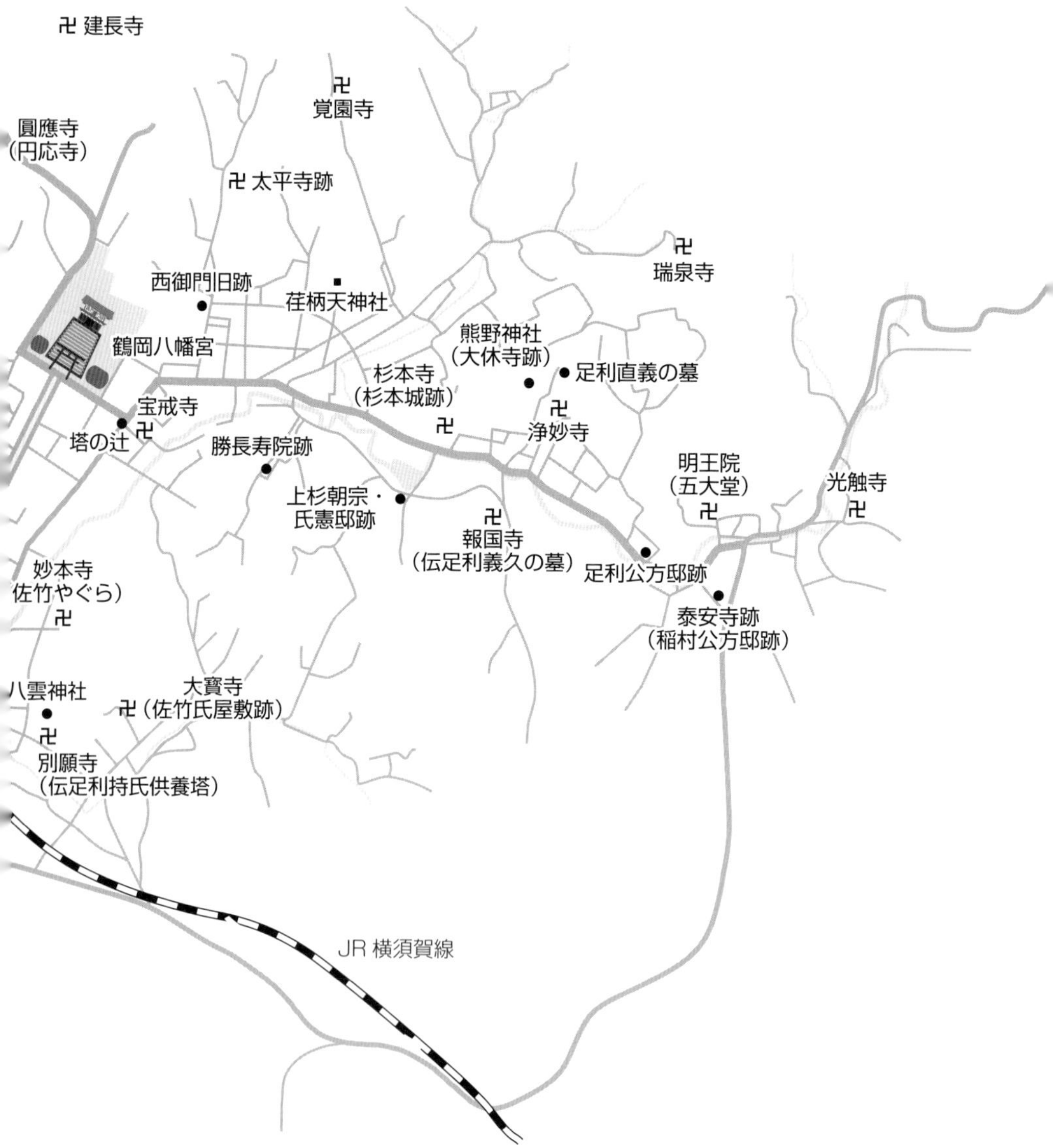
建長寺
覚園寺
圓應寺
(円応寺)
太平寺跡
瑞泉寺
西御門旧跡
荏柄天神社
鶴岡八幡宮
熊野神社
(大休寺跡)
杉本寺
(杉本城跡)
足利直義の墓
宝戒寺
塔の辻
浄妙寺
勝長寿院跡
明王院
(五大堂)
光触寺
上杉朝宗・
氏憲邸跡
報国寺
(伝足利義久の墓)
足利公方邸跡
泰安寺跡
(稲村公方邸跡)
妙本寺
佐竹やぐら)
八雲神社
大寶寺
(佐竹氏屋敷跡)
別願寺
(伝足利持氏供養塔)
JR 横須賀線

円覚寺
黄梅院
北鎌倉
東慶寺
浄智寺
長寿寺
（足利尊氏の墓）
海蔵寺
英勝寺
（太田道灌邸跡）
化粧坂切通し
扇谷上杉邸跡
寿福寺
江ノ島電鉄鎌倉駅
由比ヶ浜
和田塚
長谷
江ノ島電鉄線
極楽寺
伝上杉憲方の墓
極楽寺

執筆者一覧

杉山一弥（別掲）

石橋一展
一九八一年生まれ。千葉大学大学院人文社会科学研究科単位取得退学。現在、野田市教育委員会指導課 指導主事。
〔主要業績〕
『下総千葉氏』（戎光祥出版 二〇一五年、編著）、「南北朝・室町期における東国武士受給感状の特質」（佐藤博信編『関東足利氏と東国社会』岩田書院、二〇一二年）、「南北朝・室町期東国における戦功認定と大将―軍忠状・着到状の分析から―」（佐藤博信編『中世東国の政治と経済』岩田書院、二〇一六年）

駒見敬祐
一九八七年生まれ。明治大学大学院文学研究科史学専攻博士後期課程単位取得退学。現在、杉並区立郷土博物館学芸員。
〔主要業績〕
「上杉禅秀の乱と犬懸上杉氏」（黒田基樹編著『足利持氏とその時代』戎光祥出版、二〇一六年）、「関東管領上杉朝宗考」（『文学研究論集』（明治大学大学院研究紀要）四六号、二〇一七年）

谷口雄太
一九八四年生まれ。東京大学大学院人文社会系研究科博士課程修了。博士（文学）。現在、東京大学大学院人文社会系研究科研究員。
〔主要業績〕
「足利時代における血統秩序と貴種権威」（『歴史学研究』九六三号、二〇一七年）、「中世後期武家の対足利一門観」（『日本歴史』八二九号、二〇一七年）、「武家の王としての足利氏像とその形成」（『鎌倉』一二二号、二〇一七年）

花岡康隆
一九八三年生まれ。法政大学大学院人文科学研究科日本史学専攻博士後期課程単位取得満期退学。現在、長野県小海高等学校教諭。
〔主要業績〕
『信濃小笠原氏』（戎光祥出版、二〇一六年、編著）、「南北朝期における信濃国管轄権の推移についての再検討」（『法政史学』七〇号、二〇〇八年）、「鎌倉府と駿河・信濃・越後」（黒田基樹編著『足利満兼とその時代』戎光祥出版、二〇一五年）

【編著者略歴】

杉山一弥（すぎやま・かずや）

1973年、静岡県生まれ。

國學院大學大学院文学研究科日本史学専攻博士課程後期単位取得満期退学。

博士（歴史学）。現在、國學院大學文学部兼任講師。

著書に『室町幕府の東国政策』（思文閣出版、2014年）、共編に『室町遺文』関東編第一・二巻（東京堂出版、2018・2019年）以下続刊中、共著に『武田信長』『下野宇都宮氏』『下野小山氏』『今川義元とその時代』（いずれも戎光祥出版）などがある。

図説《ずせつ》 鎌倉府《かまくらふ》——構造《こうぞう》・権力《けんりょく》・合戦《かっせん》

2019年8月8日　初版初刷発行
2022年3月1日　初版第2刷発行

編著者　杉山一弥
発行者　伊藤光祥
発行所　戎光祥出版株式会社
〒102-0083 東京都千代田区麹町1-7 相互半蔵門ビル8F
TEL：03-5275-3361（代表）　FAX：03-5275-3365
https://www.ebisukosyo.co.jp
制作協力　株式会社イズシエ・コーポレーション
印刷・製本　日経印刷株式会社
装　丁　山添創平

ISBN：978-4-86403-330-5

弊社刊行関連書籍のご案内

各書籍の詳細及びその他最新情報は戎光祥出版ホームページ
(https://www.ebisukosyo.co.jp) をご覧ください。

【関東足利氏の歴史】〈全5巻〉 黒田基樹 編著／A5判／並製

第1巻 足利基氏とその時代 192頁／本体3200円＋税
第2巻 足利氏満とその時代 270頁／本体3600円＋税
第3巻 足利満兼とその時代 320頁／本体3800円＋税
第4巻 足利持氏とその時代 366頁／本体3600円＋税
第5巻 足利成氏とその時代 332頁／本体3800円＋税

【戎光祥選書ソレイユ】四六判／並製

001 足利将軍と室町幕府 時代が求めたリーダー像 210頁／本体1800円＋税 石原比伊呂 著
005 中世武士の勤務評定 南北朝期の軍事行動と恩賞給付システム 193頁／本体1800円＋税 松本一夫 著

【中世武士選書】四六判／並製

第13巻 上杉憲顕 222頁／本体2400円＋税 久保田順一 著
第24巻 上杉顕定 古河公方との対立と関東の大乱 232頁／本体2500円＋税 森田真一 著
第26巻 長尾景仲 鎌倉府を主導した陰のフィクサー 216頁／本体2500円＋税 黒田基樹 著
第28巻 新田三兄弟と南朝 義顕・義興・義宗の戦い 238頁／本体2600円＋税 久保田順一 著
第32巻 高一族と南北朝内乱 室町幕府草創の立役者 273頁／本体2600円＋税 亀田俊和 著

【話題の既刊】

鎌倉府と相模武士 上・下 各四六判・並製 上巻：263頁／本体2500円＋税 下巻：290頁／本体2600円＋税 湯山学 著

図説 室町幕府 A5判／並製／175頁／本体1800円＋税 丸山裕之 著

室町幕府将軍列伝 四六判／並製／432頁／本体3200円＋税 榎原雅治 清水克行 編